［写真１］SGI-USA 本部中心建物、SGI-USA Plaza。サンタモニカ市ウィルシャー通り

［写真２］座談会 Discussion Meeting の様子。多様なエスニシティの人々が一堂に会していることが特徴的

［写真３］1963年開設のロサンゼルス会館

［写真４］1968年開設のサンタモニカ・ビーチのNSA 会館

［写真５］1960年10月8日、池田大作第三代創価学会会長が初訪米し、シカゴ・ミッドウェー空港に到着したときの出迎え

［写真６］1960年10月14日、国連本部前における池田会長

［写真７］1975年、ブルー・ハワイ・コンベンションの「浮島」の舞台とワイキキビーチの大観衆

［写真８］ワイキキビーチに向かって曳航される、ゲイリー・ミュリー渾身の力作「浮島」の骨格

聖教新聞社より提供：［写真１］［写真２］［写真５］［写真６］
SGI-USA より提供（[Photo credit: SGI-USA]）：［写真３］［写真４］［写真７］［写真８］

アメリカ創価学会〈SGI-USA〉の55年

秋庭裕　著

新曜社

はじめに

グローバリゼーションとナショナリズムが同時進行する現代の世界で、私たちは日々未曾有の時代を経験せざるをえない。二十一世紀の行方は、混迷の度合いをさらに深めていくばかりにも思われる。人類は、希望をもって未来を展望することができるのだろうか。

そういうなかで、一つだけ明らかなことは、どんなに国家や民族、そして宗教をめぐる緊張や対立が生じ、ときに深まろうとも、日に日に相互依存を深めていく地球社会の未来は、平和や友好や共生をキイワードにしてしか切り拓かれないという、シンプルな事実であるだろう。

そして、それらを実現しようとする試みを、半世紀以上前から創価学会＝ＳＧＩが継続してきたことは、じつはあまり広く知られていないかもしれない。「もはや戦後ではない」というフレーズが人口に膾炙していた時代、早くも創価学会は世界への第一歩を北米・南米から踏み出したのであった。

その日から半世紀以上を経て、創価学会インタナショナル（Soka Gakkai International：ＳＧＩ）は、現在、世界１９２ヵ国・地域にわたり会員を擁するまでになり、およそ２２０万人に達している（創価学会広報室 2017: 26）。ちなみに、世界に冠たるトヨタ自動車の海外販売拠点網は１７２と発表されている。[1] また国連加盟国数が１９３ヵ国であることからも、ＳＧＩの広がりが、ほとんど全世界におよぶことが分かるだろう。

創価学会は、日本国内では８２７万世帯の会員数を公表している（創価学会広報室 2017: 21）。世帯単位の計数なので他の宗教教団や組織団体と比較するのが難しいところもあるが、創価学会が抜きん出て規模の大きな組織であることは明らかである。

宗教団体では、神社本庁が９６５０万人を超える数字を掲げているが、このような数になるのは、神社の所在する地域の住民が半ば自動的に氏子に数え上げられるからである。伝統仏教教団では、東西本願寺派がそれぞれ約８００万の信者数を数え、浄土宗（約６００万）、高野山真言宗（約４００万）、新宗教教団では立正佼成会が約３００万を超えている。これらの数字と比較してみても、８２７万世帯がいかに巨大な規模の組織であるのかが理解できるはずだ。

しかし、創価学会の特質は、たんに巨大教団だということだけではない。戦前に初代会長の牧口常三郎によって「創価教育学会」として設立された当初から、教育に強い関心を寄せていた。現在では幼稚園から大学まで設立し運営している。また近年では、アメリカ合衆国において設立されたリベラルアーツ系大学、アメリカ創価大学（Soka University of America：ＳＵＡ）も順調に卒業生を送り出している。

教育、文化、そして芸術への注力は、歴史の長い「民主音楽協会（民音）」、「東京富士美術館（富士美）」、「東洋哲学研究所（東哲研）」などの関連団体の、狭い意味での宗教の枠にとらわれない活動にも現れている。さらに、発行部数５５０万部の日刊紙である聖教新聞をはじめ、第三文明社、潮出版社、鳳書院などの出版社は、創価学会本体とは別法人であるが、宗教活動と文化、芸術、教育をつなく重要な役割を果たしている。

　さらに、いっそう顕著な特徴は、１９６４年に設立された公明党の存在である。公明党は、創価学会を最大の支持母体とする政治政党であり、１９９３年の連立政権参加以来、下野した時期もあるが、今日も政権与党の一翼を担い政局の重要な位置にある。

　公明党と創価学会は、とくに１９７０年以降は、まったくの別組織となっており、公明党を「宗教政党」と捉えることは難しい。しかしながら、憲法によって定められた政教分離の原則が人びとに正しく理解されていないため、一般にはどこか両者の関係を疑わせる視線を醸成しがちなのかもしれない。

　要は、創価学会がきわめて大きいこと、そして、宗教教団であるのに政治に「近接」しているということで、外部からどこかうかがい知れない存在であると思われがちなのであろう。

　巨大でありながら、実際にはよく知られていないという、創価学会を取り巻く状況は、学術研究的な観点からも当てはまる。創価学会について週刊誌などのジャーナリズムが扱う記事など少なくないが、客観的なデータを提供するものはそう多くない。またアカデミズム的な視点からの調査研究も限られている。

　とくに１９７０年代以降、創価学会研究は非常に少なくなっていった。その理由はさまざまであり、ここで詳しく取り上げることはできないが、重要な点は、創価学会が日本社会において抜きん出た大組織となり、無視できない一大勢力となったそのときに、学術研究がほとんどなくなってしまったということである。

戸田城聖第二代会長が死去した1958年に100万世帯であった会員数は、1970年には750万世帯に達した。このとき、戸田が主導した折伏大行進という激しい宣教から、民主化と近代化を目指す「広布第二章」路線への転換がはかられ、創価学会が「完成期」に入ったことが内外に示された。この完成期のシンボルとして、壮大な「正本堂」の落慶、公明党との組織分離、創価大学の設立など、今に至る創価学会の基本型が整い、日本社会の一大勢力となったまさにそのとき、創価学会の客観的で等身大の姿を知ることが難しくなってしまったのであった。

本書の意図は、そのような創価学会研究の空隙を一気に埋めようとするものではない。それは、もとより不可能である。本書で試みたことは、創価学会の活動のなかでも、世界192ヵ国・地域にも広がりながら、一般の人びとにはもちろん、じつは多くの創価学会員にもそのリアルな姿が知られることの少ない、海外会員の信仰生活を描き出そうとするものである。

本書では、海外への広布（広宣流布＝宣教）の歴史のもっとも古い、Soka Gakkai International USA（SGI-USA）を取り上げて行った調査に拠りながら、アメリカ合衆国の人びとがなぜ・いかにSGIのメンバーとなり、何を願って信仰を継続しているのか、創価学会もSGI-USAも知らない一般読者にも理解できるように明らかにしようとするものである。

アメリカ合衆国における創価学会の先行研究は、いくつかまとまった成果が刊行されているが、近年ではハモンドとマハチェクによる『アメリカの創価学会』が日本語にも翻訳されている（ハモンド・マハチェク 2000）。調査票によるサーベイを行った包括的な社会学的研究であり、アメリカ合衆国におけるSGIメンバーの社会的属性やプロフィールを鳥瞰できるように結果が提示されているが、日本人の目から見て物足りないところがある。

もっとも食い足りないのは、日蓮や法華経から淵源するその教えや、さらに戦後の創価学会を強力にリードしてきた池田大作第三代会長の事績などが、アメリカ合衆国に生きる人びとにどのように届けられ、日本とは大きくコンテクストの異なる風土にいかに根付いてきたか、その経緯や必然性などが十分に解明されていないと思われる点である。

『アメリカの創価学会』に無い物ねだりするよりも、それらの疑問を自力で明らかにしたいと思い、本書の構想を練ることとした。そして、当初は、「アメリカ合衆国の創価学会」に焦点化して研究するということでスタートを切ったのだが、すぐに日本の創価学会が分からなければ、アメリカやまた世界のＳＧＩは理解できないという、ごく当たり前のことに気がついた。

それで、結局、一から創価学会について学び始めたが、すると芋づる式にいろいろ興味ふかいことに気がついた。創価学会の歩みを知ることは、まさに戦後日本の歩みを丸ごと知ることに直結することである。一宗教団体にすぎない創価学会であるが、その戦後日本に占める位置は、日本社会を理解するためにきわめて魅力的なパースペクティブとなり、またその存在が大きく重いことである。つまり、経済・政治・社会の諸分野において、戦後日本人が何を求め生きてきたかを理解するための、格好のテクストとなりうるということを見出したのである。

先に述べたような事情で、とくに１９７０年以降の創価学会研究がほとんど蓄積されていないという事情はあったが、１９６０年に開始されたアメリカ広布の歴史をたどることは、戦後再発足した創価学会自体の歴史の大部分をたどり直すことにほとんど直結し、そこで、第一次資料を渉猟し、資料を欠くものについては、事情を知る関係者をたどるなどして、太平洋を挟む創価学会とSGI－USAの半世紀の再構成を試みた。

それらの成果についての評価は読者の皆様に委ねるしかないが、本書の試みは、創価学会の海外展開の嚆矢となったSGI－USAの歩みを明らかにするとともに、日本・創価学会と池田第三代会長の足跡をたどることにおいて、従来あまり知られていなかった事実と、事実と事実をつなぐ連関を明らかにすることにおいて、宗教社会学的な研究に一定程度以上の貢献ができたとすれば、望外の喜びとするところである。

第1章から第4章まで、SGI－USAの歴史を振り返りながら、アメリカ広布がどのように進められたのか画期ごとに描き出した。その際、この一見したところ自明とも思われる課題にどのような姿勢と方法論で臨んだのか付言しておこう。

宗教、あるいは宗教団体は、科学的な研究の営みがもっとも扱いにくい領域の一つである。信仰者と非信仰者の間には、深くて長い淵がある。合理的・客観的・公平な取り扱いは、それらを標榜しても、双方の側から支持されないこともしばしばであろう。これは、宗教的核心を構成する「聖」に対して、科学がまっすぐに切り込むことができないことから生じる。

そこで、論述に「工夫」を凝らした。あまり目立たないことかもしれないが、信仰者のリアリティを疎外せずに、非信仰者の客観的な観察と理解と両立するような地平を目指したのである。それは、「内在的理解」と「濃密」で「開かれた」記述にもとづく分析ということである。[2]

おわりに、では、1章から4章までで論じ切れなかった、日蓮仏法――試論的に、「SGIブディズム」(SGI Buddhism)の名称を提唱した——が、SGI-USAメンバーを魅了する、その教学的な根拠と救済論について考察している。

SGI-USAの、そして創価学会の、さらにまたワールドワイドに展開するSGIの大きさを考えると、本書の射程はごく短いかもしれない。しかしながら、僭越であるが、まさに「驥尾《きび》に附し」た「蒼蝿《そうよう》」さながら、うっすらと垣間見たものの「少量為《しょうりょうな》りと雖《いえど》も忝《かたじけな》くも」正鵠を得ていることを願うものである(御書:26)。

本書に参照する文献、資料のうち、以下は略記する。

御書：堀日亨編 1952『日蓮大聖人御書全集』創価学会（第241刷、2005年）

WND 1999: Soka Gakkai, 1999, *The Writing of Nichiren Daishonin I*. Tokyo: Soka Gakkai.

WND 2006: Soka Gakkai, 2006, *The Writing of Nichiren Daishonin II*. Tokyo: Soka Gakkai.

WT:『ワールド・トリビューン』(*World Tribune*)

ST:『聖教タイムス』(*Seikyo Times*)

LB:『リビング・ブディズム』(*Living Buddhism*)

年譜 2003: 三代会長年譜編纂委員会編 2003『創価学会三代会長年譜 上巻』創価学会

年譜 2005: 三代会長年譜編纂委員会編 2005『創価学会三代会長年譜 中巻』創価学会

年譜 2011: 三代会長年譜編纂委員会編 2011『創価学会三代会長年譜 下巻（一）』創価学会

なお、本書に登場する創価学会とSGI-USA会員のうち、これまで創価学会やSGIの出版物において、多くの場合、実名で紹介されている方々については実名とした。他の方々は、仮名としている。

本書では、SGI-USAの歴史と概略を通覧しているが、メンバーの入信過程や態度変容、さらには、複雑で入り組んだ組織の変遷、布教の変化、あるいはその媒体や経典類の英語への翻訳と展開などについては、個別に分析した続編が、川端亮と稲場圭信によって近刊の予定である。本書と併せてご高覧いただければ、いっそう包括的にSGI-USAの全体像を捉えることができるはずである。

目次

第3章　波濤を越えて――アメリカと日本――　115

装幀＝新曜社デザイン室

第1章　ハワイから西海岸へ

1　ハワイ――ＳＧＩの黎明

それは、ハワイ現地時間、１９６０（昭和35）年10月1日の深夜のことであった[1]。ホノルル空港に到着した日本航空８００便から降り立った、創価学会会長池田大作を迎えたのは、22歳の青年トミー・オダただ一人であった。

この年8月日本で初めて就航した大型ジェット旅客機ＤＣ－８型は「富士号」と名づけられ、この日ＪＬ８００便として池田ら一行をホノルルへと運んだ。空の旅も本格的なジェット時代を迎えていた。それでもまだ羽田―ホノルルは、なお7時間以上を要する長旅であったが、このときはさらに一時間遅延した（年譜 2005: 25-6）。

いずれにせよ、初めて海外訪問へ旅立った池田大作は、海外への記念すべき第一歩を標したとき、たった一人の青年会員に迎えられただけだった。

じつは、このさびしい出迎えは連絡ミスによるものだった。出発前にハワイ在住の30数名ほどの会員を中心に、池田会長一行を歓迎する準備が整えられていたのだったが、東京・信濃町の学会本部から誤った到着時刻が伝達されてしまい、一行を出迎えることができなかったのである。

今となっては隔世の感があるが、創価学会インタナショナル（Soka Gakkai International：ＳＧＩ）の記念すべき第一歩は、このようなハプニングによって踏み出されたのである。

なぜ、トミー・オダ一人のみは、池田を迎えることができたのだろうか。その事情についてはまた後で述べることにする。彼がその日その時刻に池田を出迎えることができたのはたんなる偶然ではなく、その事情を知るには、オダ親子の三代にわたる国境を越えた、一家の濃密な物語を紐解かねばならないからである。いずれにせよ、トミー・オダこそ、今日では２２０万人以上を超える創価学会インタナショナルの会員のなかでも、最初に海外で池田を出迎えたその人なのである。

ともあれ、ＳＧＩの歴史は、32歳の池田大作が第三代会長に就任直後、ハワイ・北米・南米へ初の海外訪問に出発したときに始まるといってよいだろう。池田のこの海外初訪問の旅によって、創価学会は日本国外への布教を本格的に開始した。

１９６０（昭和35）年といえば、敗戦からわずかに15年後のことであるが、第二次大戦後、ほとんどゼロからスタートした創価学会は、この年すでに１５０万世帯の会員から成る、戦後日本社会にそびえ立つ巨大宗教となっていた。

戦後またたく間に創価学会を巨大宗教に押し上げたのは、第二代会長戸田城聖《じょうせい》の功績である。戸田は１９５８（昭和33）年春に没したが、池田は師である戸田の「東洋広布《こうふ》」の遺訓を踏まえながら、まずアメリカ合衆国にその第一歩を標したのである。池田は恩師の写真を上着の内ポケットに納め、戸田の命日である2日を選んでハワイへ出発した。この日はのちに、創価学会において「世界平和の日」と定められている。

それにしても、創価学会の海外布教が、早くも1960年に開始されたことの意義は重要である。「もはや戦後ではない」というフレーズがこの数年前に流行したというが、まだ高度経済成長は緒についたばかりで、国際化やグローバリゼーションの到来は、はるか遠い彼方のことである。池田の海外訪問の開始は、新宗教の海外布教として非常に早い時期に属するが、以来一貫して、創価学会がその努力を継続していることは注目に値する。今日SGIは、世界192ヵ国・地域に展開するが、このような広まりは日本宗教のなかでは群を抜いている。

それにしても、第三代会長の就任式が5月3日のことであったから、10月2日のハワイへの出立は、池田が会長に就任するや否や実行されたというべきであろう。池田の海外への訪問計画は、就任式の一ヵ月後に開催された第二回本部幹部会において、沖縄（7月）・南北アメリカ（10月）・インド（翌1月）への一連の訪問計画として発表された（年譜 2005: 15）。

この計画が発表されたとき、多くの会員は予想もできないことで非常に驚いたというが、この訪問計画の意図は、計画全体を見渡してみると比較的明瞭に理解できるかもしれない。それは、海外初訪問に先立ってまず沖縄を訪問し、会員の指導を行ったことに明らかであると思われる[2]。

日本国内で唯一の戦場となった沖縄への渡航は、当時アメリカの施政権下にあったからパスポートが必要であった。戦火で深く傷ついた沖縄をいち早く訪問し、とって返すようにアメリカを訪問したことは、おそらく会長就任後に思いつきで実行されたのではないだろう。それ以前から胸中に秘められたヴィジョンに従って、周到に計画されたものであったにちがいない[3]。

そのヴィジョンがどのようなものであったかは、本書のなかで順を追ってみていくことにしよう。その一つの最初の手がかりとして、戸田が説いたところの「東洋広布」であった海外への布教が、なぜ池田によってハワイ・北米・南米への訪問となったのか、その意味を考えてみたい。

「東洋広布」とは、東洋への「広宣流布《こうせんるふ》」ということである。つまり、法華経の教えを広く宣《の》べて流布させるということがその意味で、創価学会が拠りどころとする日蓮は、「法華経の大白法の日本国並びに一閻浮提《えんぶだい》（＝世界）に広宣流布せん事」（御書：265）は疑いもなく、「日蓮が慈悲曠大《こうだい》ならば南無妙法蓮華経は万年の外・未来までもながるべし」（御書：329）と述べている。

戸田は、海外への広宣流布の夢をしばしば語ったと伝えられている。しかし、戸田がしばしば用いたのは「東洋広布」という文言であって、戸田の言葉を聞いた当時は、誰もがまずは近隣のアジア諸国から広布（広宣流布）は着手されるのであろうと考えていたという。

ところが、そういう見解をよそに、1960年秋、池田はホノルルを振り出しに、サンフランシスコ・シカゴ・ニューヨーク・サンパウロ・ロサンゼルス等の北南米にわたる三ヵ国九都市を、二十四日間の日程で駆け抜けたのである。

このときの池田の初めての海外訪問の目的は、第一に、海外に誕生し始めた会員の激励と指導、第二に、総本山大石寺に建立寄進する予定であった大客殿を荘厳する資材の買い付け、第三には、世界広布の将来構想のために、海外事情の視察であったという。今日伝えられているこれらの目的をもう一度よく考えると、戸田の説いた東洋広布が、どのように世界広布へと発展的に解釈され直したのかが推測できるかもしれない。

戸田は、日蓮の「諫暁八幡抄」(御書：588)や「顕仏未来記」(御書：508)の記述にもとづいて「仏法西還」を主張した。「顕仏未来記」には、「仏法も……正像には西より東に向かい末法には東より西に往く」と記されている。つまり、仏法は末法の時代において「東漸」から「西還」へと転じ、日本から西へ(アジアへ)向かうと述べられているわけであるが、池田はこの西をいわば「西洋」と読み替えて、1960年北南米訪問を実現したということになるだろう。

この時代、池田がどうしてもアメリカに行かねばならぬと考えた事情を想像してみよう。敗戦後いまだ十五年にすぎない当時、日本社会には、戦勝国アメリカの存在《プレゼンス》が、人びとの生活のなかで、また意識のなかでも、圧倒的だったはずである。そういう時代のなか、第三代会長に就任した池田は、まず最初にアメリカに行かねばならぬ、ぜひ見ておかねばならぬ、という使命感を抱いたのではなかろうか。

多感な少年時代から青年期、池田は戦争の不条理を身にしみて味わった。長兄をビルマ戦線で失い、東京大森の海苔製造業の生家は戦争によって没落し辛酸をなめた。17歳で終戦を迎えた池田は、三十年後に半生を振り返り「焼け跡の向学心」(池田 1975: 63-7)と綴っている。そこでは「何を支柱に生きていくべきか、若者たちは、悩んだにちがいない。私も、その一人であった。無性に勉強がしたくなった。戦争という異常事態下にあっては、好きな読書も満足にはできなかった。そうだ、ともかく学校へ行こう」と述べられている。戦後の荒廃と虚脱のなかでの困窮と苦闘を綴る文章の合間に、既成の価値観が崩壊してしまった時代にあって、未来を探求しようという好奇心が散りばめられたような記述がじつに印象的である。

「ともかく学校へ行こう」という思いは、夜学生として苦学する日々として実現する。若き日々、苦境にあっても未来へ向かって時代や社会を探求しようという好奇心を忘れることのなかった池田が、まだ青年と呼ぶべき32歳のとき就任した創価学会新会長として、戦後日本の運命と行方に大きな影響力をもつアメリカ合衆国を、一目この目で見ねば何事も始まらぬと思ったのは、ごく自然のことだったのではないだろうか。

2 最初の一人

1960年の海外初訪問によって、ハワイ・サンフランシスコ・ネバダ・シアトル・シカゴ・ケンタッキー・ニューヨーク・ワシントンに「地区」が結成された。そして、ロサンゼルスとブラジルに「支部」がおかれ、また、これらを統括するアメリカ総支部も設定された。アメリカ総支部は、もちろん海外初の総支部であり、日本国内を含めると11番目の総支部であったが、その包括する世帯数は約300にすぎなかった。

最初の訪問地のハワイは、さまざまな機縁で日本と深く結びついている。ハワイは明治以来日本人移民の入植の歴史があり、今日でも日本人と日系人が多い。また、1941（昭和16）年日本海軍連合艦隊による「真珠湾攻撃」によって、太平洋戦争の火蓋が切られたことも、ハワイと日本の歴史において忘れることができない大事件である。池田らがまずハワイを訪れたのは、たんなる経由地という以上のゆえあることであった。

まず一行は、ホノルル近郊のパンチボールの丘にある「太平洋国立記念墓地」を参詣し、題目を三唱し戦没者に弔意を表した。そして、真珠湾を臨んで「歴史の教訓を胸に刻み、世界不戦の潮流を高めゆく決意を留め」たと、池田は後年述べている（池田 2007a: 68）。

ハワイにおける草創期のSGI会員に、ハワイ社会のこのような歴史的経緯、つまり移民と戦争の刻印を免れたものはない。ハワイの日本人と日系人が経験した苦難は大きく、その歩んだ道のりは幾重にも屈折している。1868年に始まる日本からの移民は、1924年に排日移民法が制定されるまでの間に21万人に達した。日本人移民は、ハワイに渡った最大規模の移民集団だったのである。

ハワイ住民の民族構成に、ハワイ社会の特徴がよく表れている。1980年代末のハワイの総人口約100万人のうち、最大人口が白人で23％強、これに次ぐ第2位が日系人でこちらも約23％に達する。近年は白人の割合が増加し、戦前から戦後にかけては40％にも達した日本人・日系人の割合は下がったが、ハワイにおいてその比重がいかに大きいものであるかが理解できるだろう。第3位は、混血を含むポリネシア系ハワイ人の21％、ついでフィリピン系が11％、中国系の5％、アフリカ系（黒人）が2％となる。要約すると、ハワイは米本土と比べて、白人が少なく、日系人が多く、黒人が少ないという特徴を指摘することができる。

今日ではハワイの日系人は、技能職や事務職、あるいは小売業の従業員などに従事するものが多く、ハワイ社会の中流に位置している。しかし、戦前期ハワイの日本人は、男性は砂糖きびプランテーションの労働力として、女性は白人家庭のメイドとして雇用されるのが典型であったように、単純非熟練労働に従事するものが主力であった（山中 1993）。

戦前からこのように縁の深いハワイと日本であるが、それが太平洋戦争によってどのように引き裂かれたのか、ここでは詳論することはできない。しかし、そういう時代のなかでさまざまな苦難を経験した人びとの心を、日蓮仏法を伝える創価学会＝ＳＧＩの教えが捉えたのである。それはいったい、どのような理由で人びとを魅了したのか、それを探求していこう。

冒頭で紹介した、一人で池田を迎えたトミー・オダは、１９３７（昭和12）年の生まれで喜寿を迎えたが、彼の人生もまた、日本とアメリカ、そしてハワイを舞台とした歴史に激しく翻弄された[4]。

祖父は山口県の萩の裕福な家庭に生まれ、長じてハワイ島に渡り、ヒロで食料品問屋を営むなどしていた。父は日系二世として、ハワイ島に生まれヒロ高校を卒業した。戦争前に祖父は弟に問屋を譲り、息子である父を連れて日本に帰った。父は神戸大学に進み、大学時代に知り合った女性と結婚し4人の子供が生まれた。しかし、その父はトミーが4歳のとき結核を病み亡くなってしまう。まだ26歳の若さであったという。

このときからトミーの苦難の人生がスタートする。父の死後ほどなく山形県鶴岡の母の実家に、2歳違いの兄とトミーの二人だけが連れて行かれた。しかしその母は、すぐに二人の子供を残して出奔してしまったのだという。母の兄である伯父は、幼い二人の兄弟が何か失敗すると、些細なことであっても、長い鉄の火箸で殴るのが常であったという。兄が背中を打たれたときの、「ガチッ、ガチン」という骨を打つ音が今もトミーの耳の奥底に残っているという。こんなところになぜ自分たちをおいて出て行ったのかと、母を恨んだ。

小学生のとき宮城県に養子に出されるが、養子とは名ばかりで、労働力として「人買い」に売られたのだという。山村の果てしのない仕事もつらかったが、何よりの苦難はやはり、いじめられたことであった。トミー（富）という名前のために、戦前の山村の人びとには悪魔が来たかのように言われた。鬼畜米英を国是とする時代、紛れもない日本人であるトミーは、父が二世であることと英語の名前であることによって、周囲の人びとからじつに残酷な仕打ちを受けたのである。

トミーの人生はその後も苦難が続くが、ここまでの歩みからだけでも、戦前から戦後にかけ日米間の憎悪がいかに深いものであったかが理解できる。トミーは身も心も深く傷つく幼年時代を送った。戦争の悲劇は語っても語りつくせないだろうが、東北の山村の一度もアメリカ人を見たことのなかった人びとまでもが、敵国人に対する深い憎悪の念を植えつけられていたことを忘れてはならないだろう。

養子先は石巻から太平洋に突き出した先端の雄勝町というところだったが、半農半漁の村でトミーは一週間学校に通うと、次の一週間は子守をさせられるという生活を続け、中学を卒業するとすぐに福島県小名浜でイワシ漁の漁船に乗せられた。給料は養父に直送され、トミーは手にしたことはなかった。

イワシ漁船の次に近海マグロ船に乗せられた。１９５４（昭和29）年9月、青函連絡船洞爺丸が台風によって遭難し沈没した。この洞爺丸の事故は、わが国の海難史上最大の惨事で千人以上の命が失われた。ちょうどこのとき、トミーの乗ったマグロ船は小笠原沖にあった。１００トンほどの近海マグロ船もまた、山のような大波に呑み込まれそうになっていたのである。

トミーは機関員であったが、船窓から見ると全部が水で他は何も見えなかったという。まるで潜水艦に乗っているようなものであった。じつは、大きなビルよりも高い大波が来るときは、それに突っ込むのが一番安全なのだというが、まったく生きた心地はしなかった。木造船の船体の板と板の間から「ダダダッー、シュワーッと、剃刀の刃のような水が」差し込んでくるのだという。海の男たちもまた恐ろしくて皆泣いていた。

ところが、トミーは「ぼくは、こわくなかった。（大波も）けっこうと。（それまでに）死んだほうがいいと思ったことが何回もあったから」。でも、「もし助かったら、船をやめて、もう一度母を捜してみようと思った。そして、次の正月元旦に船をやめた」。まもなく19歳というとき、養親に黙って、船長には無理を言い最後の給料だけはなんとかもらって、それを手に「逃げた」。

トミーは十年ぶりで母と兄とに再会を果たす。しかし、母は心に思い描いていた母とは異なっていた。母は、再会後ほどなくまた姿を消してしまったのである。そういう母であっても、トミーはまた母が恋しくて仕方がなかった。トミーは母とまた別れても母に会いたくて、二度三度母を探した。そうして、母と何度目かに再会したとき、母はトミーを生まれた横浜の家に連れて行くと言いだした。が、生家はTさんという他人に買われていたが、訪ねて行ってそのTさんからトミーは折伏されたのである。

トミーがTさんに身の上話をすると、それは「宿業っていうんだよ」と教えられた。「お母さんが悪いんじゃないんだ」。代々もって生まれてきたものが悪いと。そして、そういうものを切るには創価学会の教えしかないと言われた。「トミーちゃん、結婚して子供をもっても、またそういう道を歩かせたくないでしょ」とさとされた。

しかし、トミーが入信したのは、Tさんの説く宿業論に納得したからでない。Tさんが、「初めて、人間として対等に話してくれた」と感じたからである。「世の中には、こんなに（親身になってくれる）いい人がいるのか」と驚いたというのである。

Tさんは「よくなるよー、これから」と何度も言い、「たとえどんなことがあっても、お母さんは世の中に一人しかいないんだ。お母さんは悪くないんだ」と繰り返した。それで、それまで絶対、神も仏も信じないとそう決めていたが、Tさんの優しさに心を動かされ、それでちょっと信心をやってみようと思ったのであるという。それが、1956（昭和31）年2月28日、19歳のときである。

この後すぐに、ハワイ島の伯父から母宛に送られてきたハガキを見つけた。真っ赤に焼けた小さなポストカードであったが、そこに記された住所に手紙を送ると、「よかったらハワイに来ないか」と返事が来たのである。Tさんは「トミーちゃん、これ初信の功徳だよ」と言っていたが、「ああ、これで父の実家に行ける」と思うとなによりも嬉しくて、躍り上がったのだという。

ハワイへの出発の手続きを終え準備が整った1958（昭和33）年9月17日、信濃町の旧学会本部で青年部参謀室長であった池田を訪ねる機会があった。池田は、この当時海外へ渡航する会員を積極的に激励していたのである。この時代からまたこれ以降も、池田に直接に励まされ海外へ出発した会員は非常に多い。

そのときトミーは、じつは心からそう思っていたわけでなかったというが、「先生、ハワイに行ってどういうふうに折伏したらいいんですか」と尋ねた。すると、「折伏しなくていいよ」というのが池田の答えだったという。「あれ、おかしいなと思っていると、『皆に好かれる青年になりなさい』とだけ言われたのだった。『皆に好かれる青年になれば、自然におのずと折伏できる』と先生がおっしゃった」。

日本出港は9月18日だった。九日間でホノルルのアロハ桟橋に到着した。9月26日にハワイ島ヒロ近くのパホアの伯父の家に着いた。パホアでは伯父の食料品の卸問屋で、早いときは朝の4時から、遅いときは深夜まで牛馬のように働いた。ハワイ島では信心はできなかった。「いずれその時がきたらやる」と思っていたが、まだ題目一つをとっても人前で行う勇気がなかった。

ちょうど二年後、日本から聖教新聞と手紙が送られてきた。それには池田会長がホノルルに行くから出迎えてほしいと記されていた。それで、それまで一銭も給料ももらっていなかったので、必死で伯父さんを口説いて、ホノルルに行きたいと願い出た。伯父さんは熱心な本願寺の念仏者でもあったし、自分もめったにホノルルに行ったりしないのだからと返事を渋ったが、結局、今まで仕事もよくやってくれたからと、ホノルル行きを許してくれた。

日本からの手紙には、強い調子が込められていた。池田先生をお出迎えしてほしいのは、一生を左右する大事なことだから、ぜひ行きなさいと記されていた。それに、出発前に先生にお目にかかり、先生を忘れられなかったので、ぜひもう一度お会いしたいという気持ちもあった。

このように、トミー・オダが、その日その時、池田を迎えるために、ホノルル空港ロビーに到るには、非常に長い旅路を経てのことであったのである。このときハワイで海外初の地区が結成されたが、オダは男子部班長に任命されている。また1966(昭和41)年には、ハワイ文化会館が開館したとき、初代事務長に就任している。

3 戦争花嫁たち

池田が激励したのは、オダばかりではなかった。

1960年の海外初訪問によって創設されたアメリカ総支部が包括した会員数はおよそ300にすぎなかったが、それらの大部分が「戦争花嫁」として渡米した女性たちであったことは注目に値する(井上 1985: 152-4)。戦争花嫁とは、第二次大戦後日本に駐留したアメリカ軍を中心とする兵士や軍属と結婚した日本女性のことである。その数は、1960年ころまでに4万人から5万人に達するという(安富・スタウト 2005)。

私たちは、ハワイで4人、ロサンゼルスで1人の戦争花嫁として渡米した会員にインタビューを行った。最年長の方は1928年生まれ、最年少の方は1954年生まれであった。最年少の方は1974年に結婚後、しばらくは日本国内の米軍基地に居住し、渡米したのは1980年のことであったという。戦争花嫁という言葉は、終戦後まもない時代を連想させるかもしれないが、実際はもっと長期間にわたる日本女性の国外への移動として、特徴ある社会移動であった点は注意すべきである[5]。

また、「戦争花嫁」という言葉が頻繁に用いられていた時代に、その響きがもった意味は失われて久しいが、戦争の記憶がまだあせぬ時代に、元敵国男性に嫁す女性は、偏見に満ちた視線と言葉を浴びせられた。戦争花嫁にたいする偏見や差別は、激戦を戦った敵国にたいしてまだ冷めやらぬ反目感情が、ジェンダー的な不平等を増幅し、「戦争花嫁」という言葉に、ステレオタイプ的で差別的な意味が結晶化していた。

戦争花嫁は日本においてのみならず、渡米後も差別や排斥を受けた。日本においてできあがっていた偏見が、日系メディアによって伝達されていたからである。彼女たちは、日米の狭間に取り残されたような孤独のなかで辛酸をなめた。米国人の夫はいても、他に友人・知人のいない異国での孤独、そして理由のない偏見や差別、これらに苦しむ女性たちに日蓮仏法はどのような励ましのメッセージを与えたのであろうか。

今日もホノルルに在住するエミリーさん（1937年生まれ）[6]も、戦争花嫁としてハワイに渡った日本人女性の一人である。エミリーさんもそうだが、渡米前にすでに創価学会員であった方は少なくない。

エミリーさんは、1961（昭和36）年5月、日大講堂での第二十三回本部総会の席上、会長就任一周年記念の池田の講演が今も鮮明に記憶に残っていると回顧している。エミリーさんは、このとき参集した2万5千人のうちの一人として、通路に座る用意にゴザと座布団を持参して出かけたのであった。そこで、「創価学会は、日本の柱であり、世界の太陽である」と述べた池田の講演に心動かされ、海外への広宣流布の意欲を強くかき立てられたという。

この本部総会において、学会本部機構の拡充が発表され、それには海外部の海外局への昇格も含まれていた。またこの一年の歩みが報告され、学会の総世帯数が、140万から191万余世帯へ、支部数は61支部から１３９支部へ発展したこと、また海外では、ロサンゼルスとブラジルに支部が結成され、アジアでも香港に地区が生まれたことが伝えられた。なおアメリカ総支部の世帯数は、この一年で約１５００世帯に達したことも報告された。この日には、ロサンゼルス支部とブラジル支部に支部旗の授与も行われている（年譜 2005: 59）。

エミリーさんは、海外へ広宣流布をという池田会長の講演を受け、本部総会の後すぐに英語学校に通った。英語学校を終了するとすぐに、横須賀の米軍キャンプの将校クラブに勤務するようになり、そこで知り合った海軍兵士と１９６２年2月に結婚し、翌年ハワイに渡った。

エミリーさんは、ハワイに発つ直前、信濃町の旧学会本部に招かれた。この時代、オダさんの場合もそうであったが、会長自ら海外に渡る会員を丹念に励ましていた様子がうかがえる。エミリーさんは、池田の急用によって面談はかなわなかったが、海外局長から、『あなた方のように、アメリカに渡ってくださる方がいるから、世界平和が早く成るんだ。身体に十分気をつけて』という池田の伝言をもらい、それを胸にハワイへと旅立った。

池田が会長就任時より一貫して海外広布の強い意欲をもっていたこと、そして、それをコツコツと地道に進めたことがうかがえる。当時は海外への自由な渡航は制限されていたから、一人ひとりの海外へ渡る会員に布教の貴重な機会を見出し、可能なかぎり激励したのであろう。

エミリーさんのハワイ渡航後の足取りをたどってみよう。戦争花嫁といわれた日本女性は実際どのような生活を送ることになったのであろうか。じつは、ハワイでの生活は事前には予想できない困難に満ちていた。まずライフスタイルの違いに戸惑った。なによりも金銭面での苦労が最初に来たという。1ドルが360円の時代だったので、日本では裕福に思えた夫のサラリーも、アメリカに来てみるとじつに安月給であることにすぐに気がついた。

さらに、その財布のヒモを完全に夫が握っていて、自分の自由になるお金がまったくなかった。これが何より辛いことだった。だから、とにかく自分で働きたかったのだけれども、それも夫に許してもらえなかった。夫婦のあり方や家計の切り盛りの仕方があまりにも日本とかけ離れていたのである。

そこで、あらためて信心しかないと思い起こし、ハワイに到着して10日後に組織の責任者に手紙を出した。エミリーさんの、ハワイでの生活基盤の確立は、信仰によって結ばれた会員との交流なしには困難であった。地区の責任者に指導を仰ぎ、「祈りとして叶わざるなし」という日寛上人の文段《もんだん》の一節をいわば再発見する。この一節は、エミリーさんが日本時代いつも困難に出会うたびに心の支えとした一節である。

この一節は、江戸中期の大石寺の法主、日寛の『観心本尊抄文段』の序文で、今日もよく引用される。「この本尊を信じて南無妙法蓮華経と唱うれば、則ち祈りとして叶わざるなく、罪として滅せざるなく、福として来たらざるなく、理として顕れざるなきなり」（『聖教新聞』2007年12月8日六面）と、現世を意志によって力強く切り開く、日蓮仏法のエッセンスを表明するようなフレーズである。

手紙を出すとすぐに班長さんが訪ねて来てくれて、そこから今度、地区座談会に行きましょうということになって、ハワイに着いて二週間後に地区座談会に出たという。その地区座談会で、SGIの前身である、当時のNSA（Nichiren Shoshu of America）の第一回全米総会が、8月にシカゴで開催されることを知ったのであった。

その地区座談会で皆に「啓蒙」されて、「いやあ、大変なことになっちゃった」と思ったが、でもシカゴに行ってみたいと強く思ったという。ハワイに到着して間もないときだったが、「全米」と聞くと、いったいどのような人がどれくらい集まるのか、どんな信心をしている人がいるのだろうかという好奇心が夢のように広がったのだという。

しかし、その夢はすぐに萎んだ。金銭的な余裕がなかったのである。「お金がないのに、どうやって行くんですか」と地区部長に尋ねると、「祈りとして叶わざるなしの御本尊」でしょと励まされたのであったが。

夫に事情を話すと、反対はされなかったが、「お金をどうするんだ」と即座に尋ねられた。「お金は、借りるほかない」と答えると、「アメリカは日本と違うよ。あなたは仕事をもっていないんだ。ぼくのサインがなければ、銀行で貸してくれるわけがない。ぼくのサインなしで、銀行からお金を借りることができたら、(シカゴに)行きなさい」と言われたのであった。

アメリカン・スタイルでいえば、どう考えても不可能なのであったが、「私は、祈りとして叶わざるなしの御本尊を持っているんだ」と思って一心に祈ったという。「御本尊様、全米総会は、アメリカに来た以上は、私は使命があって来ているんだから、その使命を果たすために、どうしても見たい」と祈ったという。「全米から集まってくる人たちと会いたい。どうか、銀行からお金を、主人のサインなしで貸してもらえますようにと、題目を唱えに唱えて、ハワイバンクというところに行った」。

銀行の責任者の人から、やはり「ご主人のサインをもらえますか」と尋ねられたのであったが、「主人はサインしないって言うんですけど、私は仕事をしていません。どうしたら貸していただけるんですか」と答えると、責任者はじっとエミリーさんの顔を見つめ、「あなたは正直な人だね。お金を貸しましょう」と、500ドルを貸してもらえたという。

夫にその500ドルを見せると、銀行で借りたことをすぐには信じてもらえなかった。「ぼくのサインがなくて、まさかどうして。あなた、泥棒してきたんじゃない」と言われたというが、このようにしてなんとか、1963年8月シカゴで開催された第一回の全米総会（アメリカ総支部総会、1500人が参加）に出席することができた。

この第一回全米総支部総会において、欧米本部が設置され、アメリカ総支部は東西に二分割され、アメリカ東、アメリカ西の両総支部が結成された。欧米本部には、アメリカの二総支部と南米総支部、ヨーロッパ総支部の計四総支部が所属するようになり、北米では、サンディエゴ支部、コロラド支部、ケンタッキー支部が新設され、カナダには班が生まれている（年譜 2005: 157）。しだいに会員数は増えつつあったことが分かる。

エミリーさんの夫は、保証人もなく銀行で融資を受けることができたことに驚いたが、この出来事をきっかけに、エミリーさんの信仰から影響を受け、「自分も信心する」と言って、翌年「出張御授戒」を受け、信心を始めた。この年から、大石寺から僧侶が出張し受戒を授けたのであった。

ところが、夫には軍から信仰をやめるように圧力がかかった。「創価学会というのは、共産主義者だから、あなたは海軍であるし、もう少しで士官なのだから、そういう人が共産党に入っているというのは、軍規に反しているということで、（信心を）やめなかったら、軍から出て行ってもらう」という圧力があったのだという。夫は、入信後まもないころで、そういう圧力をはね返すほどの力はなかったので、信心から遠ざかってしまった。

夫のことはあったが、エミリーさんの信心は揺らぐことはなかった。１９６５（昭和40）年8月、第二十回夏期講習会が総本山大石寺で行われ、アメリカ・ブラジル・ドイツなどの海外メンバー３００人が参加した。ハワイからは15名が参加したが、エミリーさんはそのなかの一人であった。そのときは一週間ほどの滞在であったが、「（池田）先生から、また激励していただいた」のであった。

「先生が、ハワイのメンバー全員を招待してくださって、（大石寺の塔頭に）理境坊というところがあったのですけど、その理境坊に招待してくださって、そこで夕食をご馳走になって、一緒に勤行をしてくださって、一人ひとりにかけてくださる言葉が全部違ったんですよ。で、私の番になったときに、先生が肩に手をかけてくださって、『何でも知っているよ。頑張ってくれているね。ありがとう。』っていう言葉をいただいたんですね」。先生に「何でも知っているよ。頑張っているね。」と言われ、「ああ、先生が知っていてくださる」と、エミリーさんの胸中にはこみ上げるものがあった。

１９６５年は、エミリーさんにとって多忙な年であった。大石寺の夏期講習会から戻ると、その明くる日、すぐにロサンゼルスに旅立った。ロサンゼルス近郊のエチワンダで、アメリカ初の日蓮正宗寺院の恵日山妙法寺の起工式に立ち会うためであった（起工式は8月15日。落慶は１９６７年）。このころまでにアメリカの会員数は、およそ2万世帯にまで伸びたことが記録されている。[7]

日蓮正宗が創価学会を「破門」して以降（１９９１年11月）、今日では両者の関係は断絶しているが、この当時は緊密な時代であった。妙法寺の落慶法要には、もちろん当時の日蓮正宗総本山大石寺の細井日達法主と池田会長の姿があって、豪壮な一大ページェントとして営まれた。

エミリーさんも、今日では宗門には憤懣やるかたない思いが深い。１９６７年に着工、１９７２年に落慶した「正本堂」には、決して楽ではなかった生活のなか、「３２２ドルの給料から、１６５ドル家賃を払って、主人が50ドル、私が50ドルのドネーションした」のであった。エミリーさん夫妻が１００ドルも「供養」をしたのは、大石寺での夏期講習会において、会長の池田じきじきに、建立が決まった正本堂は、すべて椅子席の、今日の世界の大仏法にふさわしい建築とするという挨拶を聞いたこともその理由であったかもしれない。実際に竣工した正本堂は、大石寺の多くの建築を設計した横山公男の作品の集大成であり、また渾身の力作というべき圧倒的な「構造表現主義の傑作[8]」であった。

しかし、「あの大きな正本堂ね、あれも潰しちゃうの。ふつうの人間のやることじゃないですよ」と、今も憤りを強く感じている。創価学会が本山に建立、寄進した、特色あるモダン建築の威容を誇った正本堂は、１９９８（平成10）年、宗門によって解体されてしまった。

さて、エミリーさんは１９６６年６月にハワイを発って、故郷の横須賀に戻った。そして、一年半後の１９６７年12月に、今度は夫の実家であるテキサスに移動することになった。夫が戦地ベトナムへ赴いたためであった。

「彼がベトナムに行って、なぜ池田先生があれだけ平和を叫ばれるのかっていうのが、よく分かるんですよ。人間が、１８０度、いや３６０度って言ったほうがいいんかしらね、主人がまったく人間が変わっちゃったんです。」

　夫はベトナムで2年半従軍したのであったが、その間の経験が、彼の心に深い傷を負わせた。「あの、戦地でね、もう今日死ぬか、明日死ぬかっていう毎日を味わったんでしょうね。（帰ってきてからは）もう、妻を妻とも思わない。今日幸せならば、自分のやりたいことをやって、飲むだけ飲んで、それで今日一日が満足なら、もう明日は信じない。そういう人間になっちゃったんです。」

　ベトナムへは、最初一年行った後一度戻り、また行った。そこで見たのは、「戦場なんですね。一つの船に6人乗ってたんですね。（ベトナムに）行くとき、私がまっさらな数珠を持たせたのね。そのお数珠が、帰ってきたときには、ふにゃふにゃになっていた。だから、やっぱり自分で題目をあげてたんでしょうね。なぜかって言ったら、目の前でゲリラにアタックされて、一人は首が飛んだ、目の前で。一人が左手を刎ねられて、一人が脚を取られちゃって、片方の脚を取られて。一人が胴から、脚と胴がバラバラになっちゃって、自分だけが、かすり傷だった。」

　まるで阿鼻叫喚地獄を見るような、凄まじい戦場をくぐり抜け帰還した夫は、すっかり別の人格に豹変してしまっていた。「私はもう思い出すのも嫌なんですよ。お医者さんにかかっても、もう戻らない、心の痛手が。それで1973年に離婚しました。」

「だから、先生が『戦争ほど残酷なものはない』とおっしゃるのを聞いて、本当にそうだと思ったんですよ。人間を変えてしまうって。先生は『だから、平和を叫ぶんだ』って。それは私も本当に体験済みっていうんですかね。先生の言葉が、よく分かります。それで、73年に離婚して、もう絶対結婚しないって。もう恐ろしいって。また結婚したら、またどっか戦地行くとかね。また同じようなこと、もうそういう思いしたくない。それで一人でずーっと過ごすって思いました。」

もう結婚はしないと思ったエミリーさんであったが、その後に再婚している。離婚の7年後にハワイの組織の責任者からお見合いを強く勧められ、日系三世の園芸業を営むメンバーと結婚し、今日に至っている。再婚はおろか見合いにもあまり乗り気でなかったエミリーさんの翻意を促したのは、組織のメンバーの熱意と周到な作戦によってであったという。

エミリーさんが最終的にお見合いすることにしたのは、責任者の「まだ40にもならないのに、独り身でいることはない」という言葉よりも、「あなたは今、人の上に立つ身だよ。だれか、こうこう夫婦関係で悩んでます、どうしたらいいかって尋ねられたときに、独り身でどうして夫婦のことが激励できるのか」と言われ、題目を唱えに唱え、考えに考え決断したのだという。

4　アメリカで生きる

それでは、エミリーさんにとって、信仰はどのような意味があるのだろうか。私たちは、エミリーさんの人生のなかで、その実践によって産み出された功徳を見出すことができる。エミリーさんは、ハワイにおいても唱題・勤行を継続し、また下種《げしゅ》[9]や折伏をはじめ、組織での活動に邁進した。それらの信心の基底に、日蓮仏法の特色である非常に強い現世肯定的な性格があることがうかがえる。「祈りとして叶わざるなしの御本尊」とは、まさにその象徴である。

エミリーさんの強い確信に支えられた信心は、身一つで異郷において生きるとき、きわめて力強い援けとなったはずである。つまり、エミリーさんは、一人決して孤独に異郷にあったわけではなかった。いつも、信仰によって結ばれた同志たちの緊密なネットワークの中で、その「激励」とともにあった。日本時代も女子部での活動によって、エミリーさんの信心はより強固なものとなったし、ハワイ渡航後も、婦人部を中心にエミリーさんの活動は途切れることなく継続し、深まったのである。

さて、エミリーさんがそうであったように、戦争花嫁が日蓮仏法を海外へと伝えたことの意義をもう少し考えてみたい。１９６０年の池田会長の訪米のときに結成されたアメリカ総支部の世帯数が３００であり、その大部分が戦争花嫁として渡米した女性たちの世帯であったことはすでに述べた。

このことは、単純な事実以上の重要な意義がある。つまり、ＳＧＩが今日のように日本宗教の枠を超え、日系人以外にも広く受容された最初の要因として、国際結婚をした戦争花嫁の存在は非常に重要なのである。彼女らによって日蓮仏法は、海を越えると同時に、国境と民族を越えたからである。

つまり、彼女たちのアメリカ人の夫が、"I do it for you."と言いながら、最初は妻の機嫌をとるために、自分たちに馴染みのない信仰に目をつぶり、しぶしぶ自分自身も唱題・勤行を始めたことが報告されている（井上 1985: 155; 中野 1985: 177）。このとき、国際結婚によって生まれた家庭のなかで、日蓮仏法は国境と民族を越える第一歩を踏み出したということになる。

アメリカ合衆国におけるエスニック・グループと宗教への帰属は、かなりの程度一定したパターンが見られる。そしてそれは、社会階層とも一致する傾向が存在する。このような成層化された宗教所属のパターンに日蓮仏法が風穴をあけたことが、非常に重要なのである。

また、ＳＧＩはゆっくりと国境や民族を越えたのではない。一挙に越えたのである。後述するように、もちろん布教の核として日本人と日系人は重要な役割を演じたが、創価学会は、海外に出た最初から国境と民族を越えたのである。

私たちがインタビューした5人の戦争花嫁の夫の民族的な背景を見ても、ドイツ系・日系三世・フィリピン系（ハワイで出生）・その他の白人が2人となっていて、じつに多様である。この点において、SGI以前にも多くの日本宗教が海を渡っているが、それらが日系人のエスニック・チャーチ[10]に留まったこととと非常に対照的である。

戦争花嫁への布教が、アメリカへの広布（広宣流布）戦略としてどこまではっきりと意図されたものであったのか、私たちは確たる裏付けを得ていない。しかし、その発端はおそらく漠たるものであったとしても、ある時期からはかなりはっきりと意識されたと思われる。

すでに戸田城聖が早い時期から海外への広布の意欲をもっていたこと、そして、それに池田が明確な形を与えたことは先に述べたとおりである。その時代、1960年代半ばまで一般人は自由に海外渡航できなかったなかで、累計4万人以上にも達した戦争花嫁の存在に目を向けたのは自然なことであったかもしれない。

さらにまた、日米の狭間で偏見と差別に苦しむ戦争花嫁の消息が伝わったことも、池田の決断を促したのではないだろうか。この間の事情について、1972年に出版された当時のNSA（Nichiren Shoshu of America）[11]についてのルポルタージュのなかに、池田の声が残されている。「会長に就任してまず最初に何をやろうとしたか」という問いに答えて、「国内で入信して、アメリカに散っていった婦人メンバーがいることを私は知っていました。気の毒な境涯のひとが多かったようです……〝いずれの日にかかならず行くから待っていてほしい〟といつも気にしていたのです…だから会長に就任して…まずアメリカに行こうと決意しました」と述べられている（央・浅野 1972: 73）。池田は「まず行こうと決意し」たアメリカで、望郷の念に駆られる戦争花嫁たちに三つの指針を与えた。日本を離れる前には想像もしていなかった困難に耐えながら、しかし、いかに日本に帰還しようかと思案を重ねていた彼女たちに、池田の言葉は強い衝撃を与えたという。

三指針は、１９６０年10月４日のサンフランシスコでの座談会において発表された。それは（１）市民権を取り、良きアメリカ市民となること、（２）自動車の運転免許を取ること、（３）英語をマスターすることの三つであった（年譜 2005: 27）。つまり、要約すれば、ふつうのアメリカ人になりなさいという指導である。アメリカ社会に根付いて生きよというこの指針は、日本恋しと訴える彼女らの想像すらしないものだった。

その日から半世紀以上、三指針に従ってロサンゼルスで生き抜いてきた戦争花嫁の一人に、私たちはインタビューを行った。

カズエ・エリオットさんは、１９２９（昭和４）年、東京生まれで埼玉で育つ。看護婦だった１９５３年、埼玉の朝霞キャンプに勤務するエリオット氏と知り合う。信心は１９５４年、最初に母が友人より折伏され、後に続いた。母と妹の病気が回復するのを間近で見てカズエさんも題目を唱えるようになった[12]。以下では、カズエさんの口調も再現しながら、その半生を紹介しよう。

カズエさんは、１９５７年に日本で結婚したが、アメリカに転勤になっていたエリオット氏と一年間ほどは別れて暮らした。まだプロペラ機だった米軍機に乗って立川基地からアメリカに旅立ったのは、４月に戸田城聖の葬儀が営まれた、１９５８年の６月のことだった。カズエさんは、エリオット氏と別れて住む間に出席した大石寺の質問会での、戸田城聖のベランメエな口調と明快な応答をよく覚えている。

私の夫はアメリカ人ですと言うと、５００人がいっせいにカズエさんを注視したが、題目さえ唱えれば、アメリカでも日本でも変わるところはないというのが戸田の答えだった。それで、アメリカでも頑張ってみようと思ったのだった。

最初はロサンゼルスにいたエリオット氏の伯父のところに居候したが、英語が分からなかった。パンばかりでご飯も食べたかったのだが、rice（ご飯）と発音できなかったので伯母さんに伝わらなかった。聞きかじって覚えただけの英語だから、前置詞など使うことができず、単語と単語を並べただけだった。そんなわけで１９６０年ころまではアメリカ人は折伏できなかったが、日本語のできる人を10人くらい折伏した。ジャパン・タウンに行って髪の黒い人を捕まえて、片っ端から声をかけたのだった。

アメリカに着いて半年後の12月からロスの日本人病院に勤務し、夫を養った。夫は八年間軍務に服するともらえる奨学金を得て、[13] カリフォルニア州立大学ロサンゼルス校（ＵＣＬＡ）で放送技術を学んで大学院まで修了した。カズエさんは自分に学歴がなかったので、なんとしても夫を大学に行かせたかった。生活は苦しく大変だったが、歯を食いしばり頑張った。アメリカは決して豊かな国じゃない。働かざるもの食うべからずは、日本と同じだと思ったという。

必死で働いたが、その甲斐はあった。卒業式にエリオット氏の両親がワシントン州から駆けつけて来て、カズエさんは大変感謝された。結婚には反対されたが、「よくヘルプしてくれて、ありがとう。」と言われた。また、カズエさん自身も、40歳を過ぎてからサンディエゴのハイスクールに通った。仕事の合間であったので、卒業には7年を要したという。

１９６０年に、池田先生がアメリカに来られたとき、本当に嬉しかった。頼るものがまったくないアメリカで、組織もでき、芯ができたように、頼ることができるものができた。本当に安心できるという確信が得られた。

アメリカに来てしばらく経つと、アメリカとはなんと人情の薄い国で、自分中心な人ばかりで、家族のあり方も日本とずいぶん違うと思った。ここで一生過ごすより、日本に帰りたいと思う人も多かったはずである。自分もへそくりをつくり、早く日本に帰りたかった。ここでは、そもそも言葉もできないから、腹を割って話せない。家でも言いたいことも十分言えない。多くの人がいずれ帰りたいと、皆同じ気持ちだったのではないだろうか。

そう思っていたとき池田先生が来られた。英語を勉強しなさい、運転免許も、そして市民権も取りなさいと言われた。そして、さらに、よいアメリカ人になりなさいと言われたが、誰もそんなことは思ってもいなかった。

しかし、考えてみれば、ジャパン・タウンばかりにいれば困らないけど、日系人の一世は英語ができないから孫とも話せない。そして、街を一歩出れば困ることばかりだ。ロサンゼルスでは車は靴代わりなわけだが、そもそも運転免許も英語が読み書きできないと取るのは難しい。

でも、池田先生がそう言われたのだから、チャレンジしようと思った。そして、一度チャレンジしようと思うと希望が出てきた。しかし、運転免許試験の英語もスラスラと読めるわけでないから、予想した問題の答えをあらかじめ覚えておいて、それと同じ問題が出るようにと、御本尊様に願った。そうしたら同じ問題が出て受かった。

1961年に免許が取れたので、組織の地区部長だったキクムラさんから、1953年型の元ポンティアックだった車を75ドルで売ってもらった。青い車だったので「青くん」と名づけた。その当時、まあまあの人のお給料は月100ドルくらいだったから、青くんは格安だった。青くんが元ポンティアックである理由は、キクムラさんは自動車の整備工をしていたが、整備というより再生に近い仕事ぶりだった。だから、青くんはもともとはポンティアックだったけど、ありとあらゆるメーカーのパーツが組み付けられていて、元ポンティアックというしかなかった。

青くんは平坦なロサンゼルスのたいしたことない坂を登るときに止まりそうになったり、ラジエターの水がすぐになくなるのでいつも水を携行しなければならなかったが、後で振り返れば青くんが故障したのは二年間で二回パンクしただけだった。青くんで、あっちこっちを走ってメンバーを激励に行った。青くんは、二年後にメンバーのアメリカ青年に100ドルで売った。

カズエさんは一日二十四時間を信心に捧げ、戦い、頑張ってきたという。夫は、いつも優しくて、車のガソリンは満タンになっているかと確認してから、いってらっしゃいと活動に送り出してくれた。

しかし、70年ころに組織の活動が非常に多忙になったとき、「ぼくは、奥さんがほしかったのに、お寺の尼さんはいらない」と言われ、「別れよう」とも言われた。それでも、「冬は必ず春になる」（御書：1153）と信じてやってきた。今は二人で一緒に勤行しているという。

英語は、座談会に出て組織の活動に走り回っているうちにできるようになった。アメリカ人は、私のきちんとしていない英語でも聞いてくれるし、まちがっていれば直してもくれる。それでも私の英語はちょっとヘンだったのだけど、それがまた個性的だと非常に受けた。64年にはハリウッドの支部長（chapter leader）になったが、皆に話していると、あなたの語り口は本当に面白いと、場が大変盛り上がった。

最初は経本もなかったので、勤行は口伝えでゆっくり教えた。すぐに覚える人もいれば、なかなかの人もいるが、三ヵ月もすれば日本人より上手くなるアメリカ人もいる。だんだん分かってきたのは、人間だから、アメリカ人も同じ悩みをもっているし、同じ夢ももっているというごく当たり前のことだ。

池田先生がよく「人間教」と言っているが、まさにそのとおりなのだと思う。日本でもアメリカでも祈りに違いはない。私たちは皆我が身の幸せ、そして、皆の幸せを祈っている。一人ひとりの幸せが、皆の幸せにつながるのだから、それが私たちが世界平和を祈っているということなのだ。

カズエさんは、1989年から92年まで全米婦人部長を務めている。90年代初頭は、SGI-USAにとって非常に重要な時期にあたる、このときカズエさんは、いわゆる四者（組織）の一つである婦人部のトップを務めたわけである。[14] この時代については後述する。

5 二世と出会う

カズエさんが、池田の最初のアメリカ指導の三指針に触発され、一念奮起し運転免許を取得し、広布の足となる青くんを地区部長だったキクムラさんから購入したことはすでに紹介した。

キクムラさんあっての青くんなのであったが、ではキクムラさんとはどのような方であったのか。その興味深いプロフィールを紹介しよう。[15] 日蓮仏法がアメリカ合衆国に定着するために、キクムラさんのような日系二世の貢献は非常に重要であったのである。

キクムラさんは1961年、地区部長に任命されたのであったが、じつはそれは、ひとえに自動車を持っていたからなのであるという。そのとき支部長に任命されたTさんは、さらによい車を持っていたので支部長に任命されたのだという。キクムラさんは自動車整備工だったので、ボロだったが車を持っていて、それで、おまえ、地区部長をやれということになったのだという。

しかし、キクムラさんはこの任命を二つ返事で引き受けられない事情があった。じつは日本語がよく分からなかった。日常会話も怪しいかぎりだったし、御書や法華経や仏法については皆目といっていいほど分からなかった。勤行は耳で覚えただけで経本は読めなかった。勤行のとき経本を逆さまに持っていて注意されたことも、キクムラさんを紹介するエピソードとして有名な話だという。このような次第で、日本人は一般に厳格で大事なトピックスについて言葉づかいのミスを微塵も許さないことが、キクムラさんを非常に尻込みさせた。しかし、それでも最後はこの任命を受けた。

キクムラさんは、１９２７年ロサンゼルスで生まれ、北カリフォルニア・ローダイで育った日系二世である。キクムラさんの一家は、第二次大戦が始まるまでローダイで農業を営んでいた。

第二次大戦が始まるまでというのは、戦争が始まると、日系人強制収容所に入れられてしまったからである。収容所は最初ローダイに近いところだったが、その後でおよそ2千マイルも離れたアーカンソー州の収容所に行くことになった。「その時分、ぼくは子供だったから、収容所での生活は辛いとも思わなかった」とキクムラさんは語っているが、はたして本当はどうだったのだろうか。

キクムラさんは11人兄弟の４番目。１男10女。自分以外は女ばかりだった。収容所を出て一家が戦後をどう生き延びていくか考えると、父と母はさぞ心細かったはずだとキクムラさんは振り返っている。

辛かったのは、戦争が終わり収容所を出てからだという。収容所で四年間を過ごし、収容所を出た後はアーカンソー州の州都のリトルロックでさらに四年間、一家で働きお金をつくり、やっとのことでローダイに戻ってきた。この時代、日本人の農業の手腕には定評があり、農場での働き口があった。ローダイまで戻るお金が貯まるまで野菜を作った。

アーカンソーからローダイに帰るとき、２千マイルもあるわけだけど、ガソリンを入れたくとも日本人だと思われると知らん顔をして売ってくれない。２千マイルといえば青森から山口を往復するよりも距離があるわけで、タイヤも何度もパンクしたが、買いに行っても、在庫があっても売ってくれない。あの当時はまだなんといっても、ほんの昨日まで敵国人だったわけだからそういうこともあったと、キクムラさんは淡々と語っている。

ローダイに戻った後もキクムラさんは農業に従事したが、一生農園働きでは将来性がないと思って、一人で家を出てロサンゼルスに来た。ローダイでは日本人には農園で働く以外に仕事はなかった。農園働きではどんなことにでもハイハイと頭を下げて月給もらって、そのわずかな月給で生活を立てているわけだけど、だんだん成長し大人になっていくにつれ、自分は一世の父親たちと同じ人生を歩みたくないと考えた。

そうしてロサンゼルスに来た。ロスは大都会だから農業以外の他の仕事があったわけだが、しかし、この当時日本人は弁護士になるとか医者になるとか、そういう大きな夢は持ちようがなかった。だから、他に使ってもらえるところがなかったので、結局、自動車のメカニックになった。

日本人は、今でもそういう評判があるわけだが、手先が器用だという評価は当時からあって、それでガレージで働けることになったと思う。そもそも農業でも日本人が使ってもらえたのは、この手先が器用だという評判によるものだったという。メカニックといっても、あの時代の車は技術がたいして進んでないので、ガレージの掃除をしたりしているうちに、見よう見まねでいろいろできるようになった。

ガレージで働き出してもやっぱり月給は少なかったのだが、ロスで過ごすうちどんどん金儲けの欲が出てきた。それで、ただ整備するだけでなく、事故車の再生もするようになった。このほうがただ整備するよりも何倍も儲かった。カズエさんの青くんも、きっとこのようにキクムラさんが蘇らせた一台だったにちがいない。

キクムラさんは、１９５２年から５３年まで朝鮮戦争に従軍している。じつは家出同然でロスに行き、しばらくはグレていたそうだ。「堕落の生活に落ちた」のだという。そんな生活ならば、流れ弾にでも当たって戦争でポッキリ行ったほうがマシかと思って、「つまらんマンガのような考え方で」志願して朝鮮戦争へ行った。

ところが、1953年に52歳の若さで父親が急逝してしまう。それで残された家族が赤十字を通じ一人息子を戻してくれと要請し、それでキクムラさんはロスに帰ってきた。姉は嫁いでいたが、母親と妹がまだ七人いてその面倒を見なければならなかった。家族もローダイを引き上げ、皆でロスで暮らすことになった。

これだけの大家族を養うためにキクムラさんは一計を案じた。このころロスの日本人の多くはイースト・ロサンゼルスに住んでいたが、キクムラさんはウエスト・ロサンゼルスで働くことにした。現在ではだいぶ様変わりし、ロサンゼルスも郊外へ発展し街がどんどん広がり、その街区の特徴もまた変化したが、この時代は白人が多く居住し裕福なウエストと、日系人やヒスパニック、あるいはアフリカ系など非白人系が多く低階層のイーストという対照がくっきりしていた。

キクムラさんは、無理してでもウエスト・ロサンゼルスで働くことにした。低所得層ばかりが住んでいるところで営んでいる商売は、それこそ貧しい人は給料も何もかも安いわけだから、そのエリアの商売が扱うものも何でも安い物ばかりになる。反対に、生活の程度の良い所に行けば、車一つを直すにしてもそれだけ儲けも大きいというわけで、それでウエストサイドで働くようにした。

キクムラさんは1956年に結婚している。東京で生まれ育った奥さんはキクムラさんとは再婚である。奥さんのタカコさんは、戦争花嫁としては早い時代にアメリカに来たのだが、夫と死別し食堂で働いていたとき、キクムラさんと知り合った。タカコさんは日本で信心を始め、アメリカに来てからも継続していた。

キクムラさんはタカコさんに折伏され題目をあげるようになったが、それは一言でいえばタカコさんのご機嫌をとるためだった。キクムラさんの信仰に対する気持ちが一転したのは、1960年に池田先生をお迎えしたことが大きな転機となった。それは一つには、池田先生をお迎えし組織が結成され同志がまとまり、初めて多くの同志と出会って、この信心が素晴らしいという確信を得て非常に感激したこと、[16] またこのとき、後にNSAの初代理事長となるジョージ・ウィリアムス（George M. Williams）と「アメリカ広布の礎をつくる」と意気投合したことも、一生懸命信心をしていこうと決意した大きな理由であったという[17]。

このときは会員のほとんどが日本人で、しかもその大部分が女性であることはすでに紹介したが、会合は当然日本語中心であった。キクムラさんは1961年に地区部長に任命されたこともすでに述べたが、それで、キクムラさんが日本語を覚えたのは、日本語で行われていた会合と、夫婦喧嘩を通じてであったという。英語で喧嘩したのではタカコさんは何を言われているのか分からない。ほめてもらっているのか、怒られているかもよく分からなかったから、夫婦喧嘩するためにも日本語を習得するよう努力したのだという。

多くは軍人であったアメリカ人の夫たちは、座談会や他の会合もすべて日本語だったので、車で奥さんを連れて来ると、会合が終わるまで外で待っていて、会合が終わったらまた連れて帰るだけのドライバーにすぎなかった。キクムラさんも最初はたんなるドライバーの一人だったのだが、池田先生にお会いした後から本格的な信心のための努力を始めた。

その努力とは、まだ英語で書かれた信心の素材がほとんどなかったこのとき、日蓮仏法をいわば身体で翻訳することに努めた。その努力によって、経本も聖教新聞も日本語が一文字も読めない、大聖人のこともさっぱり分からない、そういうキクムラさんが、この後「励ましの達人」と呼ばれるようになる。

身体で翻訳するとは、いったいどのように達成される翻訳なのだろうか。それは、キクムラさんの半生の経験から産み出されたコミュニケーションのスタイルであった。日系二世として生まれたキクムラさんは英語を母語として生育しているが、家庭における言語環境は少し込み入った事情があった。

つまり、日本人の母親は英語を話すことができなかった。母が日本語しか理解できなかったので、キクムラさんも姉妹も日本語で育てられている。家では日本語に囲まれて育ったので、幼年期は日本語を話すことができた。それが学校に行くにしたがって、しだいにしだいに日本語が話せなくなってしまったのだという。英語しか話せなくなった後は、母親にも英語で話しかけた。つまり、英語が話せない母親は子供たちに日本語で話しかけ、日本語が話せない子供たちが英語で答えるという方式でコミュニケーションが営まれたのである。

親密な親子の間であればそのような仕方でも十分コミュニケーションがとれたという記憶が、キクムラさんの脳裏に蘇った。つまり、心が通じていれば、母の日本語に英語で答えても、母親にも英語で理解してもらえたという記憶と確信があったから、アメリカ広布の礎をつくるために、信心の第一線の現場においてこれと同様なことをすればよいのだと考えたのである。

また、池田会長の「アメリカは、アメリカの人材を育てる以外ない」という言葉に鼓吹され、自分にできることから始めようと思ったのだという。このころ日本人の婦人部のメンバーはある程度御書も読めたけれども、その理解したところをアメリカ人に分かるように英語では説明ができなかった。反対に、御書も聖教新聞も一文字も読めない自分であるけれど、また会合で話されていることは日本人の理解そのままに正確ではないかもしれないが、概略は分かるのだから、それをアメリカ人に説明してみようと思ったのだという。

このころ東京から届くブックレットなどがたまにあっても、御書や大聖人についてあまりに直訳すぎて、日本の歴史や文化伝統に疎遠なふつうのアメリカ人にはさっぱり分からない翻訳が多かった。キクムラさんは、アメリカ人に信心を最初に伝えた日本人女性の言葉を通訳すると同時に、日蓮仏法をアメリカ人に分かるような英語に翻訳して説明した。アメリカ人の耳で聞き、アメリカ人に分かる英語表現に大胆に置き換えて説明したのである。

キクムラさんが、会合、家庭訪問、個人指導に熱意をもって取り組むなかでしだいに組織は発展していく。1963年1月に、この当時アメリカ最大の日系人コミュニティとして有名なリトル・トーキョーに近いイースト・ロサンゼルスに、ロサンゼルス会館が設置される。これ以前は個人宅で会合が行われていたが、ロサンゼルス会館は椅子なしで100人ほどを収容できる仏間を備えていた。また会館に隣接する建物は聖教新聞ロサンゼルス支局がおかれた（年譜 2005: 131）[18]。そして、この年の5月から、ロサンゼルス会館で英語による座談会が行われるようになった[19]（口絵写真3参照）。

なお、キクムラさんは1966年にNSAの専任職員になっている。また1980年には同副理事長に就任している。後に述べるように1980年にNSAは大きな転換期を迎え、組織を再編する。そのとき副理事長が5人選任されるが、キクムラさん以外の3人も、言語的には英語をベースとする日系二世であった。日本語よりも英語に堪能な、しかし同時に、日本的文化伝統や組織原理を斟酌できる能力を備えた、これらの人材が中核において変革期のNSAを支え、日本の伝統に深く根ざした日蓮仏法を翻訳し、その教えをアメリカ化するのに大きな役割を果たしていくのである。

6　60年代の発展——日本とアメリカ

この当時の組織や機構の発展について概略を整理しておこう。

英語による出版物は、1960年10月の池田会長の初めてのアメリカ訪問に際し海外への紹介書として"The Soka Gakkai"が編まれたが、その後しだいに増加する。[20] 1962年5月15日に英字新聞『聖教ニュース（The Seikyo News）』が創刊される。タブロイド判4ページで、1日と15日の月2回刊だった。[21] 1963年1月には英字パンフレットの『聖教ジャーナル（The Seikyo Journal）』の3巻が刊行される。[22]

日蓮の遺文である御書や法華経、あるいは聖教新聞や大白蓮華、さらには戸田や池田の著作の英語への翻訳が進むにつれ、アメリカにおいて日蓮仏法を伝える媒体が豊富化していく。それは1964年8月15日に創刊された『ワールド・トリビューン（World Tribune）』とその翌年に刊行された『聖教タイムス（Seikyou Times）』に随時掲載されることによって本格化していった。[23] なお出版物の充実するプロセスとその詳細については、別の機会に紹介する予定である。

組織もしだいに拡充され、1961年8月にサンフランシスコ支部・シカゴ支部・ワシントン支部と、北米で23地区が結成されている。この年の11月にはアメリカ総支部の68人が日本で初の研修を実施し、大石寺へ登山も行われた。これが全米からの初登山であった[24]。

1963年1月、池田は、海外メンバーの激励と、「広宣流布のために、十年、三十年、百年先の揺るがぬ礎をつくるため」に、アメリカ、フランス、スイス、イタリア、レバノン、タイ、香港を訪問する（年譜 2005: 129）。

この旅の最初の訪問地は、初訪問から2年3ヵ月ぶりのホノルルであった。ハワイでは約300世帯にメンバーも増加し、ハワイ支部が結成された（8日）。この後、ロサンゼルスに移動し、先にも述べたように、ロサンゼルス会館の開設が告げられたアメリカ総支部西部総会（12日）に出席する。翌日、アメリカ6番目の支部となるニューヨーク支部結成大会としてアメリカ総支部東部総会が開催され、池田は「広布のニューフロンティア精神の火を赤々と燃やして」いこうと挨拶している（年譜 2005: 132-3）[25]。このときの訪問で準備を整え、5月25日に法人格を取得し、アメリカ創価学会（Soka Gakkai of America）となった。

8月にシカゴで開催された第一回の全米総支部総会についてはすでに述べたが、このとき欧米本部が設置され、全米総支部は東西に二分割され、アメリカ東、アメリカ西の両総支部が結成された。欧米本部には、アメリカの二総支部と南米総支部、ヨーロッパ総支部の計四総支部が所属するようになり、北米では、サンディエゴ支部、コロラド支部、ケンタッキー支部が新設された。

また、この総会においてアメリカ総支部長に貞永昌靖が任命された。1960年にアメリカ総支部がおかれたとき、総支部長は日本在住の北條浩（後に第四代創価学会会長）が就き、貞永は、総支部幹事と北米男子部隊長（YMD Leader）を兼任した。貞永は1957年に渡米して以来、アメリカの広布を実質的にリードし、1992年に退任するまでNSA＝SGI‐USAの初代理事長（General Director）を長く務めることになる。貞永は、1970年ころからジョージ・M・ウィリアムス（George M. Williams）を名乗り、アメリカ市民権を取得している（ウィリアムス 1989: 273）。その事跡については後に詳しく検討する。

しばらくアメリカから目を転じ、当時の日本の創価学会の状況を概観しよう。このころは創価学会本体においても重要な時期にあたるからである。

1964年4月1日富士大石寺において大客殿が落成する。その落成慶讃大法要において、池田は法華講総講頭に任ぜられ、創価学会会長として「時来るの感を深くするとともに、団結を強めて広布達成を誓い合いたい」と挨拶し、この年は「団結の年」と命名されている。

翌2日、戸田城聖の七回忌が、落成したばかりの大客殿において営まれる。そこで池田は、この日を期して学会が〝本門の時代〟に入ったと述べ、「〝本門の時代〟とは、化儀の広宣流布の総仕上げの時代であり、一人ひとり社会の第一線に立っていく時である」と締めくくった（年譜 2005: 184）。[26]

大客殿は、戸田が生前最後に大石寺に寄進した大講堂[27]とともに、後に正本堂も手がける建築家の横山公男による、その正本堂を予告するような伝統的な寺院のイメージにとらわれないモダン建築であった。その評価は高く、大客殿は日本建築学会賞と建築業協会賞に輝いている。大客殿の建築資材の調達に、池田自身も世界各地に足を運んだこともすでに述べた。そして、その完成は池田の会長就任時からの念願の一つであった[28]。

この年が重要なのは、たんに大客殿が落成したからではない。大客殿は強い上昇気流に乗っていっそう高度を増す、そういう時代の創価学会のシンボルとして見るべきである。

つまり、この年は、包括する会員数が500万世帯に迫り、それは池田の会長就任時からゆうに三倍以上に達したのであり[29]、以下で述べるような創価学会の歴史のなかでも特記すべき事項が後に続いた。

時代はときあたかも高度経済成長の頂点にあり、東京オリンピックの開催に日本国中が沸き立つ高揚感のただ中にあった。そういう時代背景のなかで〝本門の時代〟に入ったと、池田は宣したのである。

戸田の七回忌法要の日から、「三百万総登山」が開始され、これは、翌年3月25日まで継続し、1日平均で1万2000人近くが登山するという空前の規模のものであった。アメリカからも多くの会員が三百万総登山に参加している。アメリカ総本部の第一陣の126人が、総登山の開始とともに参加し、アメリカからは計8回にわたる参加があり、参加者の総計はおよそ1200名にも達した。池田は、アメリカ以外の国外からも相次いで来日する総登山への参加者を丹念に激励した。

大客殿の落成に続く4月20日の第四十八回四月度本部幹部会において、日本国内の組織拡大が発表されるとともに、欧米本部が分割されアメリカ本部とヨーロッパ本部がそれぞれ独立し、新たに東南アジア本部も新設された[30]。

さらに5月3日の第二十七回本部総会において、日本国内と海外ともさらに組織が拡大された。この時代、創価学会の教勢の伸長がいかに急ピッチで進んだのか想像することができる。海外組織は、アメリカ、南米、ヨーロッパ、東南アジア、沖縄の5本部となった。このときの本部総会に海外から600名の参加があり、そこにはアメリカ本部からの136人も含まれていた（年譜 2005: 187）。

この「本門の時代」の開幕を告げる本部総会において、翌年の1965（昭和40）年から始まる「第六の鐘」の七年間の目標として、池田は以下の四項目を発表した。[31] それは、その後の創価学会の目標を明確に刻む非常に重要な決定であった。① 大石寺に正本堂を建立、寄進する。[32] ② 六百万世帯を完遂し、正本堂建立のときに六百万総登山を実施する。③ 第三文明の大牙城として、信濃町に「創価文化会館」を建設する。さらに、二、三年の間に大都市には数会館を、また、すべての県に、最低一会館を設置する。④ 文化局政治部を解散し、創価学会は、公明政治連盟の支持団体として、その活躍を見守っていくことを決定し、また政治活動については、日本国内のみで行い、海外では一切行わないことを確認した。以上の四項目である。

上記にくわえ、6月30日の第七回学生部総会の席上、池田は創価大学の設立構想を発表する。このとき学生部は5万人を達成したのであったが、台東体育館に結集した1万2千人の部員に向かって、「将来、〝創価大学〟を設置したい。その大学で、世界平和に寄与すべき大人材をつくりあげたい」と挨拶している。

なお、11月17日には、公明政治連盟は発展的に解消され、公明党が結成された。池田は結成大会に祝電を寄せ、その政策や方針など、一切を党の主体性に任せる。政策についてはただ一つ、中華人民共和国の正式承認と、日本は中国との国交回復に努めるべきことを提案した（年譜 2005: 212）。

7　公民権運動とベトナム戦争

さて、1964年の日本における創価学会の動向を詳しく紹介したが、それはこの年以降、おそらく70年代後半までにおよぶ、創価学会の骨格と進路が定まっていったからである。そして、それはアメリカの動向とも対応させて考えると、[33]今日のSGIに到る道筋がよく理解できると思われる。

整理すれば、60年代の半ば、池田の日蓮正宗総講頭への就任、正本堂の建立と創価大学の設立構想の発表、公明党の結党、また、これ以降しばらく実質的に創価学会会員の第一の指針となった『人間革命』の聖教新聞への連載開始[34]など、すべてがこの時期のことである。

アメリカでは、法人格の取得、初の海外会館となったロサンゼルス会館の設置、第一回の全米総会の開催があり、組織も拡大していく。[35]さらに『ワールド・トリビューン』の創刊、英語による座談会の推進、ロサンゼルス近郊で海外初の日蓮正宗寺院となる妙法寺の起工などがほぼ同時期に進行する。

1966年秋に、創価学会は早くも目標の600万世帯を達成するが、その3月、池田は南北アメリカ指導に出立した。ロサンゼルス、ニューヨーク、リオデジャネイロ、サンパウロ、リマ、マイアミ、そして再びロサンゼルスを経て羽田に帰着した。このときサンパウロでは第二回南米文化祭が開催されている。南米でも着実に会員が増加していた。

池田は、帰路のロサンゼルスでアメリカ本部の西部方面の大幹部会に出席したが、そこで「アメリカは第二期の開拓時代に入った」と指導している。[36] このときアメリカ本部は9総支部、36支部の体制となり、青年部も拡充し、男子は5部11部隊、女子は2部3部隊になった。

この年1月にはハワイ会館が、また5月にはシカゴ会館が開設している。8月にはニューヨークにおいて3400人を結集し第三回の全米総会が開かれている。11月には『ワールド・トリビューン』が創刊200号を達成した、12月には、Nichiren Shoshu of America（NSA）となっている。

1960年に開始されたアメリカでの創価学会の布教は、このころから新たな段階を迎えた。それは、これまでと比べ量的な拡大を見たのみならず、質的にもそれまでには経験したことない、まさに「第二期の開拓時代に入った」のである。

翌1967年に、これまで建立が進められていた海外寺院が相次いで落慶入仏する。5月13日ホノルルにおいて寂光山本誓寺の入仏式が営まれ、16日にはロス近郊エチワンダにおいて恵日山妙法寺が落慶する。1963年3月以来ハワイを皮切りに、宗門より僧侶が派遣され海外出張御授戒が行われたが、[37] 二寺の落慶によって日本と同様な体制となった。つまり、出家の聖職者からなる宗門と在家信徒集団である創価学会という二重構造である。アメリカにおいても、この二重構造は1991年11月の宗門との訣別まで継続した。なお、海外に寺院がおかれたのは、アメリカとブラジルのみである。[38] 他は随時の出張による御授戒で対応した。

さて、3000人の会衆が集ったエチワンダの妙法寺の落慶入仏式においても、池田は「アメリカ本部も、第二ラウンドの新しい時代に入った」と挨拶し、アメリカ広布も本門の時代に入った。アメリカ総合本部の新設も発表され、西部本部、東部本部、ハワイ本部の三本部体制となることが発表された[39]。

アメリカにおいて、たしかに池田が「第二期の開拓時代」、あるいは「第二ラウンド」と述べるような状況が生まれていた。一つには会員数が急拡大しつつあったこと、そして、会員に占める日本人・日系人の比率が減少し過半数を割った（川端 2010: 41-3）ことである。つまりこの時代、NSAは急速にアメリカ化に向かうのである。

1965年では8割近くを占めた日本人・日系人が、1970年には3割まで低下する（Parks 1980: 346）。1970年には白人系会員が4割を超え、アフリカ系は12%、ラテン・アメリカ系も13%に達している。会員数は1965年から1969年にかけて、3万人から17万人まで増加したと記した文献もある（Parks 1980: 340）。これら急激に増加したアメリカ人メンバーはそのまま定着したのではなかったが、1960年代の後半、NSAには驚くほどの変化が見られるのである。

この急速な発展と変化は、1970年に初代理事長に就任する貞永＝ウィリアムスの強力なリーダーシップのもとで進められた、ストリート折伏（street shakubuku）に代表される積極的な会員獲得戦略が功を奏した結果であると考えることもできる。しかし、それとともに、あるいはそれ以上に、この時代のアメリカ合衆国がおかれていた社会状況との交互作用によるものであると考えることもできるはずだ。

この時代、アメリカ合衆国は大きく深く揺れていた。社会変化の大波に覆われていたのである。

1955年南部アラバマ州モンゴメリーで、黒人女性ローザ・パークスは、市バスの白人専用および優先座席に座ったが、白人のバス運転手は後から乗車してきた白人乗客へ席を譲るよう指示した。

パークスがそれに従わなかったところ、彼女は人種分離法違反で逮捕・投獄され、有罪判決を受ける。

これに抗議の声を上げたのが、マーチン・ルーサー・キング牧師であった。キング牧師の主導のもと、後にモンゴメリー・バス・ボイコットと呼ばれるバス乗車ボイコット運動が約一年間続けられ、これには黒人だけでなく、多くの白人も賛同し参加をする。その結果、翌年、合衆国最高裁判所はバス車内における人種分離を違憲とする判決を出す。そして、これ以降、南部諸州の他の多くの地域でも、反人種差別運動が大きく盛り上がることになる。

このように60年代に入ると、黒人への人種差別の撤廃と公民権の適用を求める社会運動、つまり公民権運動が全米を覆う。公民権運動のクライマックスは、1963年8月のワシントン大行進であった。リンカーン記念館前のワシントン記念塔前広場に結集した20万人の群衆を前に、キング牧師は世に名高い"I Have a Dream"という演説をした。ワシントン大行進には黒人だけでなく白人の参加もあり、また多くの文化人や著名人も参加し、全米で広範な支持を集めた[40]。

このような社会の動きと連動するように、民主党のジョン・F・ケネディ大統領は、南部諸州の人種隔離法を禁止する法案を次々に成立させた。しかし、1963年11月ケネディは、テキサス州ダラスで凶弾に倒れてしまう。跡を継いだジョンソンは、公民権運動に強い理解を示し、公民権法の制定に向け努力する。その結果、世論も高まり議会の支持もあり、翌年に公民権法が制定される。このとき、アメリカ合衆国に永年存在した法律上の人種差別にようやく終止符が打たれたのである（バーダマン 2007: 122）。

公民権運動の波が全米を揺り動かすのとちょうど同じ時期、ケネディ時代のアメリカは本格的にベトナム戦争に参戦する。そして、その状況はしだいに泥沼化の様相を呈していく。結局、アメリカ軍は1973年にベトナムより撤退し、75年にサイゴンが陥落してベトナム戦争は終結するが、アメリカはこの戦争で、およそ5万8千人の戦死者と2千人の行方不明者を出すという大きな犠牲を払いながら、得たものはほとんどなかった。ベトナム戦争はアメリカ合衆国に大きな深い傷を残した。

ベトナム戦争は、それ以前の戦争と異なってメディアが刻々とその状況を伝えた。カメラとペンが伝える戦場の悲惨と不条理が、故郷を遠く離れ縁もゆかりもないインドシナの地で、アメリカの若者はなぜ、何のために戦っているのかという問いを喚起した。その結果、かつて見たことのない規模の草の根の反戦運動が盛り上がる。ベトナム戦争の最盛期の1968年には54万人ものアメリカ軍が南ベトナムに投入されたが、周到なゲリラ戦を展開する北ベトナム軍を打ち破ることはできなかった。結局、遠い戦場では士気が低下し、国内外では反戦運動がさらに高まった。

公民権運動とベトナム反戦運動は相互に転化し、また大学自治を求める学生運動とも交流しながら、既存の社会体制の矛盾と価値観の亀裂を指弾するヒッピーが登場し、さまざまなカウンター・カルチャーが興隆する。このように60年代から70年代にかけ、アメリカ合衆国は怒れる若者たちの「反乱」の季節を迎える。

ヒッピーと呼ばれた若者たちは、汚れたジーンズとよれよれのTシャツ、長髪にヒゲをたくわえ、ロックを愛好し、サーフィンとマリファナを旗印に、社会に対しストレートに怒りをぶつけた。それは全米を揺るがす大きな政治・社会・文化運動となる。

このような社会状況のなかで、広宣流布が本格化したのである。ストリート折伏の時代の幕が上がった。「反乱」の中心地の一つであった西海岸で、日蓮仏法と怒れるアメリカの若者たちが邂逅する。

それは、戦争花嫁を中心とする日本人移民と日系人たちが、初めて直接、アメリカの若者たちと出会ったことを意味した。大きく価値観の隔たった異文化同士の出会いと交流が開始されたのである。そして、それが、この後しばしば激しい火花を散らすものになったとしても、少しも不思議ではなかったと考えるべきだろう。

第2章　成熟から停滞へ

1　ヒッピーからハッピーへ

このころのアメリカの若者たちと日蓮仏法との出会いが実際どのようなものであったか、その雰囲気を伝えるきわめて興味深い資料が残されている。'Hippy to Happy'[1]（ヒッピーからハッピーへ）は、この時代の若者たちを折伏するときのキャッチフレーズであったのであるが、同名のプロモーションフィルムが１９６８年に制作されている。上映時間約35分のこのフィルムは、ＮＳＡがほとんど自力で制作した[2]。主演者を含め出演者はほとんどがＮＳＡのメンバーであり、制作マネージャーもハリウッドで働いたキャリアのあるメンバーで、後にＮＳＡ＝ＳＧＩの役職者となったガイ・マクロフスキーが務めている。

その機知に富んだタイトルが、アメリカ青年が東洋の宗教に触れることでどのような「変毒為薬[3]」を経験していたかを示唆している。その実際は、「サーフボードから勤行へ、マリファナから題目へ、そしてヒッピーからハッピーへ」と中味を列挙することができるが、これらはそのとき進展していた事態をコンパクトに物語っている。

フィルムは冒頭、サンタモニカ・ビーチの白砂に座りピア（桟橋）をかすめつつ飛ぶカモメをぼんやりと眺めながら、主人公の青年が自問自答するシーンから始まる。

じつは、このフィルムが作成された同じ年9月に、ＮＳＡはイースト・ロサンゼルスからこのサンタモニカのビーチフロントへ本部を移転している。新たな本部の会館は三階建ての建物でカーペット敷きであり、三階に椅子席で３００人収容の仏間、また二階にも50人収容の仏間を備えていた（最大収容数は５００人）。イースト・ロサンゼルスの会館に比べ収容人数が大幅に増加しただけでなく、ロサンゼルスの東端から西端へと、一挙にサンタモニカのビーチフロントへ移転したことが注目される（口絵写真4参照）。

つまり、日本人や日系人の多いイースト・ロサンゼルスを離れ、ヒッピー世代の若者の多く集うビーチフロントへと移転したのである。[4]この移動は、ＮＳＡがもはや日本人と日系人に依拠したエスニック・チャーチを脱却しつつあることを意味していた。アメリカ合衆国の人びとが自然に選択する宗教となることが当然の目標とされたことが理解できる。

実際この新会館には、サーフボードを抱えた砂だらけの若者が会合やディスカッション・ミーティングのたび出入りしたものだから、会館中が砂だらけになって困ったものだと当時を知る人たちは述べている。“Hippy to Happy”は、アメリカ西海岸のまさにこの時代のＮＳＡがアメリカの若者世代に強くアピールした、その時代の空気と風景をそのまま封入した、まるで缶詰のような作品なのである。

ヒッピー世代の若者が探求の根底に据えたのは、真の自己を求めること、本当の私とは誰か、人生の意味とは何か、そして、すべての人びとにそういう探求を可能にする社会はいかに実現できるのかということである。"Hippy to Happy"は冒頭の、以下のような主人公の述懐から始まる。[5]

「世界中の多くの若者と同じように、私は自分自身を見極めようとして何度も行き詰まった。なぜ、私は存在しているのだろう？　なぜ、もっと生きがいを感じないのだろう？」

やがてこのような自己への問いは、マクロな社会の現実への問いへと向かう。「なぜ、私は自分には制御できない社会のさまざまな力に振り回されているのだろうか？　なぜ、戦争や貧困、そして差別があるのだろうか？　私はサーフボードの上で、それらの答えを求めようとしていた。しかし、何度やっても結局はビーチの砂の上の同じ場所に帰ってくるだけだった。まるで砂ばかりで創られているような世界のまた同じ場所に戻ってきてしまうのだった。」

「私は、別の手段として、マリファナの煙の中にリアリティを見出そうとした。翌日には現実に引き戻されることを恐れながら、肺と脳をつかの間の充足感の幻で満たした。そんな、すぐにバラバラに飛び散ってしまう虚妄の世界に身をあずけるものは少なくなかった。彼らはただふらふらとさ迷いながら、小さなエゴの風船をふくらませ、一瞬は頭が冴えた気になっても、やがて風船が弾けるとまた同じ不毛の地点に落下してしまう。」

「多くの皆と同じように、私はいつもいたるところに見られる、富と貧困の対照的な構図に失望していた。こうした状況、つまり格差こそが多くの人びとの深い不幸の根源なのだと思っていた。これらは政府や社会が物質主義的であることに起因するのだろうか？　あるいは、人びとが幸福とは利己的な目標を追求することだと教えこまれたからなのか？　なぜ富という海のなかに貧困という大きな島があるのだろうか？　このようなことを考えては、革命、それもそこに到る道筋もはっきりせず、また建設的な目標も欠く革命を目指す過程で、私たちはすっかり途方に暮れて憤っていた。」

「私は、古い世代に反抗して外的世界の革命を起こそうとする若者の一人だった。世界中のキャンパスで学生が社会制度に不満を抱き、それを変えたいと思っていることは明らかで、彼らは、人種的不寛容、方向の誤ったナショナリズム、世界に蔓延する貧困を認めまいとしている。」

しかしながら、主人公の青年は、キャンパスでの青年たちの運動に共感を覚えつつも、社会の矛盾の克服と、社会と自分自身の統合のための十分な方途を見出すことができなかった。そういうヒッピー青年が、なぜどのような点において日蓮仏法に惹きつけられたのであろうか。再び主人公の青年の述懐に戻ろう。

「ある日、私は書店で、瞳と表情が輝いている人たちを見かけた。どうしてそんなにキラキラしているのか不思議だった。と同時に、彼らの発していた暖かく幸せそうな雰囲気がなんだか鬱陶しかった。すると突然彼らが近づいてきて、哲学めいた話をし始めた。彼らの表情と声には彼ら自身を物語る特性 —— おそらく希望と再生 —— が眩しいばかりに発せられていて、私は話をただ聞き入るばかりだった。」

「集会に来てもっと話を聞きませんかと彼らは何度も私を誘った。それが印象的だったのは、純粋に個人として、また人間として私に関心をもってもらったからだ。というのは、そんなふうに接してもらったのは何年かぶりのことで思い出せないくらい久しぶりだった。それで集会に行ってみることにした。」

これは、おそらくストリート折伏の一コマのような光景なのであろう。主人公青年は、繰り返される誘いを最初は鬱陶しくも思ったのであったが、人間として、個人として関心をもってもらったことに感激して集会に参加し、そこで日蓮仏法に接する。

「最初の集会は、私にとって決して忘れることのできない経験となった。それが真の仏教、日蓮正宗との出会い、日々実践される人生哲学との出会いであった。集まっていた人びとは価値ある平和で幸せな社会を築くことについて話していたが、彼らは、まず個人が幸福にならなければ世界平和は実現できないことを強調していた。そして、真の仏教の人生哲学を実践すれば、一人ひとりに強い活力が漲り、国の運命も変えられるということ、それはまた、自分の周りの環境をコントロールすることができることで、精神的、肉体的、物質的な恩恵を享受できるという認識が示されていた。」

つまり、そこでは日蓮仏法の唱題・勤行という「日々実践される人生哲学」に始まり、「価値ある平和で幸せな社会」の創造に到るというヴィジョンが語られていた。個人の幸福の達成が、世界平和につながること、そして、「精神的、肉体的、物質的な恩恵」という「功徳の現証」が得られ、一人ひとりの人間革命が一国の運命も変えられると論じられていた。

しかしながら、主人公青年は、「その美しい理論に感銘を受けたのではなかった」。「私が何より感銘を受けたのは、そこにいた会員たちに見出した、理論を超えた何か。彼らの瞳や声に、私がそれまでどんなグループにも感じたことのなかった内面の幸福、純粋な喜びと活力を見出した。」

このときここで描かれているようなヒッピー青年を迎えた多くのメンバーが、日本人と日系人だったことを思うと非常に感慨深いものがある。そこにアメリカ青年と日本宗教との直接の出会いが生じたからである。そして、それらを伝えた人びとが非常に魅力的だったという指摘も含蓄が深い。

“Hippy to Happy” では、このような次第で主人公の青年は日蓮仏法を実践するようになる。まず最初に健全な個人が確立されるべきこと、それが健全な人類社会の確立につながるというシンプルで明快な教えに、主人公青年も共感する。おそらく、この明快さが混迷深いヒッピー世代の‘sixties’(60年代世代)の心を打った魅力の一つであったのだろう。

この時代は、また例えば、冷戦下で核戦争のシリアスな脅威に怯える時代でもあった。そのような個人を圧倒するマクロ世界の困難な状況を前に、一人ひとりの個人は無力感に打ちのめされた時代でもあった。世界を変革することの難しさの前に、個人はシニシズムかニヒリズムにおちいる以外に選択の余地はなかったかもしれない。このような閉塞状況のなかで、‘sixties’が日蓮仏法の実践と「人間革命」が指し示すヴィジョンに新鮮な魅力を見出したという事実が重要であるだろう。

NSAにとって、60年代半ば以降70年代半ばまでの期間は、かなりの発展が見られた時期であると考えられている。しかしながら、この「発展期」の特徴は、会員の大量入会と同時に大量脱会の同時進行が特徴的であったことである。歩留まり率は決して高くなかったことは事実であり、この事実は、会員獲得の目標として本尊下付数に重点がおかれたことと強く関連している。

本尊下付数が組織の目に見える拡大と収入[6]の増加に結びついていたので、組織の活動目標として理解されやすかったはずである。それに対し、入会者へのケアは地味で根気の必要な継続的な事業であったが、この時期にはまだ教学の英語テキスト類も十分でなかったこともあり、入会者をつなぎ止めることが難しかったということができるだろう。

それでもこの時期に、キリスト教を基調とし、個人主義が当然とされ、多文化・多民族状況を常態とする社会において、出自と救済観を大きく異にする日蓮仏法という、日本型新宗教の本格的な布教が始まったのである。[7] 大量脱会はあったとしても、アメリカ人の、しかも若者の大量な入会が継続したことが何よりも重要である。

NSAは、すでに1960年の布教開始時から、日本人と他の民族集団との間の境界を越える契機をもっていたことはすでに指摘したが、[8] 60年代半ばからの発展期において、現地化をますます拡大深化させたのである。この点で日本宗教の海外布教において、例外ともいうべき性質を帯びたということができるだろう。

2 イーサン・ゲルバウム

イーサン・ゲルバウムは、1952年生まれで、彼もまたヒッピーとして青春時代を過ごし人生を模索した。そして、そのどん底状態にあったときこの信心に出会い、御本尊を受持できたことが、人生のなかでもっとも偉大で素晴らしい出来事であったと述べている。[9]
イーサンにはヒッピー世代の代表的なメンバーの一人として、日蓮仏法がどのようにアメリカの若者たちを魅了したのか、その実際を教えてもらうことにしよう。
イーサンは、アメリカ中西部の北、ミネソタで生まれ育った。父はミネソタ大学の数学教授であった。男ばかり四人兄弟の末っ子であったが、じつは四人が皆そろってドロップアウトし、ヒッピーになってしまったのである。

両親は、教育こそが幸福な生活を実現するためのもっとも重要な要因であるという強い信念をもっていて、息子たちを皆ハーバード大学に入学させるという夢を描いていた。家庭において宗教はまったく顧みられることはなかった。宗教的であるとは、弱く愚かな人間であることを意味していた。数学者の父は、科学のみが人生のすべてに答えを与えると確信していた。

イーサンによれば、「父は、非常に厳格な人間で、また人生について非常に暗い厳しい考え方をもっていた。彼はユダヤ系の出自でニューヨーク市内で育った。第二次大戦に従軍し、ユダヤ人強制収容所が解放されたときそれに立ち会っている。そのような経験が、彼に苦渋と怒りに満ちた厳しい人生観を植えつけたのだと思う。だから、彼にとって数学や科学が神様になり、宗教は大嫌いで憎んでさえいたのだと思う[10]」。

イーサンの語るところを続けよう。

子供たちが生育するにつれ、事態は父母が望んだのとはますます逆の方向に向かった。上の二人の兄は高校入学当初は成績優秀だったが、すぐに飛び出しナイフに興味を示し、ストリート・ギャングとして頭角を現すようになった。家は暴力の飛び交ういさかいの場となった。喧嘩の間、家中の窓ガラスがビリビリと鳴り響いているようだったと近所の人に言われた。イーサンも兄たちに憧れ、兄たちに味方した。そして自然と両親に反抗した。すぐに家族から幸せが消えていった。

１９６４年、父が新たな大学へ勤務することになり、12歳のとき家族は南カリフォルニアに引っ越した。イーサンはミネソタとは何もかも違ってしまった生活を憎み、どうしてこんなことになったのかと父母を罵った。三人の兄たちは高校を卒業し大学へ進んだが、一人また一人とドラッグを使用するようになり、次から次へと大学を退学した。そして、イーサンも兄たちを手本として、15歳のときドラッグを始めた。父母の20年来の夢はことごとく水泡に帰してしまい、彼らの心は完全に壊れてしまった。

17歳のとき、ドラッグでフラフラなのを父に見つかった。それ以来、父は一言も話しかけてこなくなった。家中を沈黙が支配した。高校を退学しようとしたが、そのことが原因となって母が自殺を試みた。かろうじて命は取り留めたが、このような悲惨な状況に耐えられず、幸せを求め、家出し北カリフォルニアへヒッチハイクに出た。ひどい旅の半年を過ごした後、ミネソタに戻ったが、人生もうこれ以上悪くなることはないと思ったほど最悪だった。

そのとき、すぐ上の兄のマーティンがサンフランシスコから、"Nam-myoho-renge-kyo"（南無妙法蓮華経）と唱えると本当に幸せになるんだ、だから一緒にやろうと手紙を送ってきた。マーティンは、UCバークレーに入ったのだけどすぐにドロップアウトしてしまい、LSDをやりすぎて命まで危ないときにこの仏法に出会った。LSDの錠剤は、一錠飲むだけでもけっこう飛んでしまうのだけど、マーティンはなんと一度に17錠も飲んでしまったのだった。

マーティンは幸いにして、なんとかかろうじて生き残り、そして日蓮仏法に出会ったのだという。そして、その後のあまりの変わりようにイーサンは感動して、自分も題目を唱えるようになったのだという。18歳のときのことである。

一番最初に題目を唱えたとき、ドラッグというものがいかに良くないものであるのかがすぐに分かったという。それでそのとき以来一切ドラッグを止めた。多くの人はドラッグをやるとハッピーになると言っていたし、実際そうだったから多くの人がやっていたのだろうが、イーサンの場合は決してハッピーになるどころではなかったという。

「ドラッグ経験は本当に恐ろしいほど惨めになるだけだった。やればやるほど落ち込んだ。ところが、題目を唱えたとき、人生で本当に初めて喜びを感じることができた。」

これが1970年、18歳のとき、南カリフォルニアのラグナ・ビーチでの出来事だった。ラグナ・ビーチはアーティストのコミュニティとして有名だったが、当時は街中がヒッピーであふれかえっていた。初めて題目を唱えた会合は60人から70人くらいの若者ばかりが誰かの家に集まって、ぎゅうぎゅう詰めになっていた。全員がまったく同じというわけではないけど、共通する悩みや似たような背景をもった若者ばかりで、皆、人生を変革しようとしている様子が本当にパワフルだったのに打たれた。

この地区はメンバーのほとんどがアメリカ人で、日本人は婦人部の人が一人いただけだった。彼女は皆の母親のようにメンバーの面倒を見ていた。リーダーもそのときはもうそうは見えなかったが、元はヒッピーだった。

題目を唱え始めてから二週間後、御本尊を受持した。そして、その一ヵ月後UCサンタバーバラに入学するためにラグナ・ビーチを離れた。このときはまだ中身が変わったというほどではなかったが、ドラッグは一切止めたし、外見ももうヒッピーではなかった。

しかし、「教育、教育とばかり言う」父母への反発は抜けず、大学は一年の途中で退学してしまった。その後はいろんな仕事をして、ともかく懸命に生きた。どんな仕事でもしたのだけど、唯一したくなかったのは、父から金銭的な援助を受けることとアドバイスをもらうことだった。

NSAでの活動は、入会以来一日も途切れることなく継続した。なぜなら、この信心からそれまでの人生で得たことのない、深い内的な変化と喜びを心の底から感じることができたからだった。ストリート折伏にも邁進した。たくさん、たくさん、本当にたくさんした。大学には半年しかいなかったが、カレッジタウンのストリートや寄宿舎の部屋から部屋へ、すべてのドアを叩いて皆に折伏した。

この信心によって自分がいかにエクサイトしているか、いかに充実しているかと、この大事な題目のことを話したのだけど、じつはいつもほとんどの人から「もうイーサンあっち行ってくれ。かんべんしてくれ。やめてくれ。」と言われるような具合だった。

しかし、池田先生の指導集を読んで、（下種・折伏によって）すぐに信心を始めようが、あるいは始めまいが、この教えを聞くだけで変わらない功徳があるということだったから、それを疑わず確信をもって折伏を続けた。それでその後、実際、二十年も三十年も経ってから、サンタバーバラで折伏しても信心しなかった人が、今現在何人もアメリカのいろいろな地域で信心をしているのに出会っている。ちょっと思い出しただけでも、一人はボストンで活動しているし、もう一人はサンフランシスコのリーダーである。

その一人は、ヒッチハイクをしていたときに拾ってもらった人で、「ああ失敗した。こんな宗教に熱を上げている奴を拾ってやんなきゃよかった」と言われた。が、それで怯むことなく、どこに住んでいるのかを確かめてもう一度会って、『ワールド・トリビューン』を手渡した。彼はそれを投げ捨ててしまったのだったが、35年後にその彼にフロリダ自然文化センターで出会ったのである[11]。彼も私のことをはっきりと覚えていた。

イーサンは、入信からすぐに一日に二時間も題目を唱えるようになり、一週間に七日間、つまり毎日会合に出席したという。それは、信心を始めるとすぐに、それまで経験したことのない、新しい希望とエネルギーが自分の生命に満ちてくるのが感じられたからである。

信心してから9ヵ月後、1971年に最初の登山のため日本に行き、そのとき初めて池田先生にお目にかかった。このときの旅はとても苦労も多く辛かったが、非常に印象深いものがあった。

代々木オリンピックセンターに宿泊したのだったが、まずここでの経験が強烈であった。この施設は、1964年の東京オリンピック選手村の跡地を利用して設けられ、当時としては近代的な設備を備えていたはずであるが、ふつうのアメリカ青年たちに強烈すぎるほどの日本体験を提供することになったのである。

2020年に再び東京オリンピックが開催されるが、この二度の五輪を隔てる半世紀の間に、日本も世界も大変貌を遂げた。しかし、この半世紀で、日米の間で一般の人びとの往来の増加やメディアを通じての情報量の増大によって、日米相互の理解は深まったといえるだろう。そのような事情を考えれば、元ヒッピーであったアメリカ青年が、およそ半世紀も前に遠く隔たった異国の宗教であったはずの日蓮仏法に、惹きつけられたという事実に非常に驚く。それは、その当時、この信心が彼らにとっていかに魅力的で、強い吸引力をもっていたかを物語っていると思われる。

このころNSA男女青年部の若者は、ウィリアムス理事長が見立てたお気に入りの、白いシャツに白のパンツで青のジャケットの制服[12]に身を包み、男性は短くカットした髪を分けヒゲを剃り、もうどこにもヒッピーの面影はたどることができない装いで、一糸乱れず整然と整列し、NSAがチャーターしたJAL便に乗って日本を訪れたのであった。

その一員であったイーサンは、オリンピックセンターで迎えた、記念すべき日本での初めての朝の食事に仰天してしまう。

「日本人にとってはごくふつうの朝ご飯なんでしょうけど、見たことないものばかりが並んで本当にショックでした。ワカメスープとかなんとか言われても、海藻は食べたことないので、日本人をバカにするわけではないのですが、本当にこんなものを食べるのかと驚きました。また、真っ白で、何ものっているわけでもないただの白ご飯なんて、やはり見たこともありませんでした。そして、生のままの卵をもらいました。これにも驚きました。さらに最後は、皿の上の魚が片目だけでギロリと私を睨んでいるのでした。だから、私は日本に滞在している間、ずっとショックで何も食べられなかったのです。それで毎日、明治コーヒー牛乳、それに森永ミルクキャラメルでしのぎました。日本滞在中、私は自動販売機のお世話になってやっと生きていました。」

このようにイーサンは初めて訪れた日本で大苦闘していたのであったが、大石寺において池田に出会う。「そのときはバザー会場のようなところで、5、6メートルくらい離れたところに先生がいて、先生が『誰か、これ欲しい人?』と声をかけていたみたいで、私は何かよく分からなかったのですが、とにかく『ハイ』と日本語で答えて大きく手を挙げたのです。

そうしたら、先生が何か投げてよこしたのですが、偶然、それが私の胸のポケットにスポンと入りました。見てみると、それはなんと、毎日お世話になっている森永ミルクキャラメルだったのです。そのとき先生は私のことを知らなかったはずですが、たしかに先生は、そのとき私が生きるのに必要なものをご存知なんだと思いました！」

このエピソードは、イーサンの冴えたジョークのセンスが遺憾なく発揮された好例であるが、なぜイーサンがこの信心に魅せられたか、その理由を教えてくれる。そのときイーサンにとって「生きるのに必要なもの」とは、ドラッグ・カルチャーに染まり、大学をドロップアウトしてしまったことからも明らかなように、第一歩はすっかり身についてしまった怠惰な生活から脱却することだった。ひどいときには一日16時間も眠りこけ、午後3時から始まる授業に行くこともできなかったのである。

それが、唱題・勤行をするようになり、自分の生命力が驚くほど強くなるのを感じることができるようになると、しだいに規則正しい生活ができるようになったという。イーサンは1971年の初登山に続き、翌年も再び登山に加わったのであったが、そのころは仕事もなんとか継続できるようになっていた。しかし、まだ早起きできなかったので、朝の勤行は昼にパーキング・ロットに停めた車の中で行っていた。

信心がいっそう強固なものになったのは、25歳のときである。このときNSAの教学キャンペーンが行われ、御書を深く学んだのである。とりわけ心を動かされたのは、英語で“The Embankments of Faith”と訳された「阿仏房尼御前御返事」の一節である（WND, 1999: 626; 御書：1308）。

「譬ば海上を船にのるに船おろそか《粗》にあらざれども・あか《水》入りぬれば必ず船中の人人一時に死する

なり、なはて《畷》堅固なれども蟻の穴あれば必ず終《つい》に湛《たた》へたる水のたまらざるが如し、謗法不信のあかをとり・信心のなはてを・かた《固》むべきなり」という御文にハッと目からウロコが落ちる思いだったという。

自分の信心はなんと「蟻の穴」だらけの信心であったことかと自覚し、妙法に接しながら、麤《そ》法に落ち込んでいたことに気づいたという[13]。そこで、水の漏らない船、そして蟻の一穴も許さぬ本当に堅固な畷《なわて》のような信心を心がけるようにしたという。信心の畷の修復の第一歩として、まずどんなことがあっても、一日も欠かさず朝の勤行を御本尊の前で行い、一時間の題目も唱えるようにした。以来、二度とパーキング・ロットに停めた車の中で行うことはなくなった。

登山のため初来日したとき、朝食のご飯が真っ白なことに驚愕したイーサンが、畷を堅固にすべしという御書のフレーズに心を動かされたとは、なんとも皮肉なところがある。日本人でも今の若者は知らない人も多いのだろうが、畷とは土を盛り上げて作る田と田の境のことである。そういう日本の風土に根ざした物事を踏まえたレトリックが、この時代のアメリカ青年の心に響いたことは、日蓮仏法の浸透度を物語るエピソードとしても興味ふかい。

さて、イーサンが心の中で決意したのは、日蓮の説く「水の信心（faith like “flowing water”）」を忘れないように自分に言い聞かせたことである。瞬間的に燃え上がるが持続しない「火の信心」ではなく、流れる水のように絶えることのない継続する信心こそが尊いのだと心に刻んだ[14]。

そして、信心で得たその境地を、日々の生活、とくに仕事に振り向けることにした。広宣流布は、日々の生活や仕事と遠くかけ離れてあるのではなく、それらの実践の中にこそ存在することに気づいたからである。「私は、御本尊の偉大さと素晴らしさを、私の日常の行動を通し、まわりの友人や職場の人びとに示さねばならないと思ったのです」と、イーサンは振り返っている。

その後、イーサンは功徳の現証として、長期間にわたって不和の仲であった両親とも和解でき、また仕事も順調に継続した。1981年に、サンタモニカでNSAの本部職員となって今日に至っている。

3 試練の兆し

あらためて考えてみれば当然のことかもしれないが、この時代のNSAの広布の第一線にあった日本人は、軍国主義時代に教育を受けた人びとが大半であった。戦争花嫁しかり、ウィリアムスをはじめとする日本から渡米した幹部もまたしかりである。

戦後日本でも民主国家としての再建とともに民主主義教育が開始され、そして、その本家本元の自由と民主主義の国に、ウィリアムスや戦争花嫁たちは生活の場を定めることになったわけであるが、彼らの幼少期に涵養されたパーソナリティの深い層に、戦前の日本人のものの見方や考え方、つまり価値観が横たわっていたとしてもそれは自然なことだったのではないだろうか。

そういう世代の日本人とアメリカのヒッピー世代の若者たちの間で、日蓮仏法を介して、いったい何が、どのようにコミュニケートされたのであろうか。込み入った経緯や偶然がなければ、広大な太平洋を越えて出会うこともなかったような両者が、いかにして真剣な議論や親身なやりとりと、そして、心を一にして題目を唱えるに至ったのであろうか。その興味深いプロセスをさらに順を追って詳らかにしていこう。

この時代のNSAを特徴づける顕著な活動が、ストリート折伏とコンベンションである。60年代半ばから70年代半ばまで10年あまり大量の会員獲得が継続したが、これらの会員の大部分は当時、非常に強力に進められたストリート折伏によって入会し、全米のさまざまな都市を舞台に繰り広げられた大規模なコンベンションに多大な時間や労力を傾けた。ストリート折伏とコンベンションが車の両輪のようになり、この時期のNSAの大躍進の原動力となった。

この時期、いかにNSAの拡大が急速であったのか、常にそれを念頭におくことは重要である。1967年に三本部体制が敷かれたわずか一年後にさらに一本部が加えられ、NSAはロサンゼルス本部、サンフランシスコ本部、ニューヨーク本部、ハワイ本部の四本部の下に20総支部を設置する体制となる。

コンベンションが開始されるのは、そのような上昇気流の中でのことである。1968年8月にハワイで開催された第五回全米総会で、最初のコンベンションが開催された。それまでも全米総会は、1963年に第一回がシカゴで開催されて以来、回を追うごとに規模を拡大し実施されていたが[15]、このとき以来、コンベンションも併せて実施されるようになる。コンベンションが開催されることでそれまでの全米総会と異なった点は、開催都市の一般市民に向け公開される行事を盛大に行って、それに付置するかたちでNSAの年次総会を実施するという形式を整えたことである。

コンベンションによって、NSAがアメリカ社会の一般市民に直接にその存在をアピールする機会を得たことは重要である。またコンベンションとともに、アメリカ社会に直接日蓮仏法のエッセンスを伝える、「NSAセミナー」と称する仏教セミナーを全米の多くの大学を舞台に開始したことも、特記すべき事項である。[16]

コンベンションは、「NSAのアメリカ社会への融合」を意図して始められた（ウィリアムス 1989: 240）。それは規模においても、企画内容においても、それまでの総会とは趣をまったく異にした。1968年のハワイ・コンベンションにおいて、初めてブラスバンドと鼓笛隊を中心とするパレードが行われた。ハワイアンの正装でもあるムームー姿の婦人部の千名もパレードに加わり、総勢およそ2千名がホノルル随一のメインストリートであるカラカウア・アベニューで多くの観光客を含む一般市民の目を楽しませた。

NSAのトップリーダーであったウィリアムスは、コンベンション路線を強力に推し進めたが、このときコンベンションを開始するについて興味深いコメントを残している。

アメリカ人はパレードが好きというひとつの見方がある。概して言えば、確かにアメリカ人は音楽が好きである。リズム感がよいとも言える。しかし、規則正しく隊列を組んで行進することはどうであろうか。少なくともNSAの鼓笛隊を結成した女子青年部メンバーは、ユニフォームにも、演奏にもまったく縁のない素人が多く、抵抗感もかなり強かったと思われる。執行部からの強い求めに応じて鼓笛隊を編成した彼女たちは、パレードを実施する日までの練習、当日の沿道の人々の温かい声援、指導部たちとの親密な対話等を通して、パレードによっても何かを訴えることができる、充実感を得ることができるというように変化していったのである。執行部の企画したことは、参加者の好悪に関係なく、多くの若者によるパレードを通じて、開催市にさわやかな印象を残すことであり、NSAのアメリカ社会への貢献への決意を示すことであった。（ウィリアムス 1989: 240-1）

後の論点となるが、なぜ「抵抗感」の強いパレードが「参加者の好悪に関係なく」実施されることになったのだろうか。また、そのどこにどのような「抵抗感」があったのだろうか。この点はじつは重要な論点であるが、1976年以降のNSAの歩みをたどるとき、明らかになるはずである。ともあれ、大規模なコンベンションは1968年以降毎年実施され、そして、1976年でいったん終了することになる[17]。

ともあれウィリアムスは、コンベンションによって「アメリカ社会への貢献の決意を示す」という「執行部の目的は、ほぼ達成された」と述べている。ウィリアムスはその著書のなかで、このとき（1968年）のコンベンションに米本土から約1万人もの参加者があったこと、そして、このときのハワイ州知事、ホノルル市長、2名の上院議員、2名の下院議員から祝賀のメッセージを得たことを誇らしそうに書き残している（ウィリアムス 1989: 241）。

もう一つの、この時代のNSAの特徴的な活動であるストリート折伏の成果がいかに顕著なものであったかは、残されているいくつかの資料から知ることができる。1965年の会員数は公称2万世帯であったが[18]、翌年から折伏キャンペーンの推進によってアメリカ人の入信が急増したため大きく伸びる。折伏キャンペーンの成果は著しく、例えば、1966年2月の弘教成果として、日本の創価学会の全支部を含めても、トップの成績を収めたのはサンディエゴ支部（263世帯）であり、第2位はサンフランシスコ支部（257世帯）であった。1967年6月以降は全米で毎月2000世帯を上回る入信があり、とくに9月には3268世帯にのぼった。そして、年末には公称5万世帯に達している（ウィリアムス 1989: 233/237）。

1968年および1969年の二年は、NSAの「草創期型の熱烈な弘教運動のピークをなす期間であった」とウィリアムスは述べている（ウィリアムス 1989: 238）。このときがストリート折伏の全盛期であり、それは会員獲得に非常に大きな成果を収めた。それでも、ウィリアムスは、当時を振返り、折伏のたんに「量」だけが目的ではなかったという語調の記述を残している。

つまり、弘教だけでなく教学も重視したのだと強調している。「教学運動は、このころからNSAの重要な活動内容となっていった。教学は、だが、教学のために提起されたものではなく、信仰のため、日々の活動の源泉となるために重視されていた。だが、やがて、教学運動の高まりの中で、弘教を控え、教学を中心にNSAの活動が展開されることとなった」のだという（ウィリアムス 1989: 238-9）。

本格的に「弘教を控え、教学を中心に」据えるのは1976年以降のことである。しかし、このときから、数のみを求める弘教のための弘教、あるいは折伏拡大路線ではなく、教学を重視しなければならないという問題意識があったという点に注意を払っておこう。そして、1976年がNSAにとってどのような年であり、どのような方針の転換があり、それがなぜ生じたのかは後に論じる。

さて、もう一度話を戻し、折伏キャンペーンの成果を時代を追ってもう少し確かめよう。「白人の青年の入信が目立って多くなっていった」のは、1968年2月から展開した大規模な折伏キャンペーンのころからであるという（ウィリアムス 1989: 239）。そして、この2月のキャンペーンの成果は、それまでの最高の5497世帯に達したという。

翌年の1969年に入るとさらに入信者が激増する。この年2月の折伏キャンペーンの成果は、7136世帯もの入信者のあったことが記録されている（ウィリアムス 1989: 242）。そして、この後も69年を通じて、毎月7000世帯を越える入信者があったという。この時期、NSAがいかに急速に拡大を続けていたのかがよく分かるだろう。

1969年7月に、カリフォルニア州サンタモニカにおいて第六回全米総会とコンベンションが実施される。このときウィリアムスは次のように「かなり鼻息の荒い」スピーチをしたと自ら著書で述べている。つまり「1970年の次回のコンベンションまでに、団結して15万世帯を達成しようではないか」と呼びかけたのである（ウィリアムス 1989: 244）。

ハワイ・コンベンションのときに立てられた目標は、翌年のコンベンションまでに7万世帯の達成であった。このとき世帯数は5万であったから、69年夏までに7万世帯が達成できれば、1972年に10万世帯が達成できるだろうという想定のもと、この数字が目指された。72年に10万世帯を達成するというのは、67年のエチワンダの妙法寺の落慶のとき、池田会長より与えられた目標であったという。

つまり、68~69年の会員数の伸びは、折伏キャンペーンを強力に主導したウィリアムス自身にとっても、予想以上の大成功だったのかもしれない。しかし、１９６９年までに「10万世帯をゆうに越す組織となったＮＳＡは、１９７０年以降、全体の世帯数も、具体的な弘教成果も発表を控えるようになった。弘教の本義からいって、競争して成果を争うところに意義があるわけでない。慎重な弘教を継続的に実践していこうと」考えたのであるという（ウィリアムス 1989: 244-5）。

急激な大成長それ自体が、ＮＳＡを次なるステージへと押し上げる時期を近づけたということなのかもしれない。ともあれ、７０年以降はペースダウンしたもののコンスタントな組織拡大は続き、地域的な広まりも見られるようになる。

つまり、「西海岸、東海岸とシカゴ、ハワイを中心としたＮＳＡの活動は、南部諸州にも拡大されたし、中西部の内陸部まで浸透していったのである」（ウィリアムス 1989: 245）。この時期、ＮＳＡは急速に「アメリカ化」しつつあったと考えることができるだろう。

４　成熟から変化へ

６０年代の後半から７０年代半ばにかけ、ウィリアムスとNSAは一つの絶頂期にあったといってよい。その様子は、この当時、毎年実施されたコンベンションにたどることができる。ウィリアムスは信仰の実証をＮＳＡの内と外に示す機会として、コンベンションを重視した。７０年代半ばまでの開催地を挙げると、６８年ハワイ、６９年サンタモニカ、７０年デンバー、７１年シアトル、７２年ロサンゼルス、７３年正本堂（日本・大石寺）、７４年サンディエゴ、７５年ハワイ、７６年ボストン・フィラデルフィア・ニューヨークと続いた。

70年のデンバー・コンベンションは、68年と69年に比較すると小規模のものになった。その理由は後に述べるが、1970年は日本の創価学会とNSAにとって節目の始まりの年としての意味がある。

7月初旬のデンバー・コンベンションでは、当初、2万人のNSAメンバーがコロラド州の州都に集結し、「アメリカのパイオニア」のテーマのもとにアメリカ西部開拓期の砦を模したパビリオンを造営し、カウボーイ・カウガール姿で、あるメンバーは馬に乗り、また幌馬車に乗り、ロッキー山脈の山道を逍遥するプランが立てられた（ウィリアムス1989: 251-2）。

このアイデアは変更されず実施されたが、じつは規模がかなり縮小された。ウィリアムスが強力な動員力を発揮することがはばかられる事情があったからである。ちなみに、このときのデンバー・コンベンションについての記述は、非常に詳細に創価学会とSGIについての記録を網羅している『創価学会三代会長年譜』にも見当たらない。

71年の7月23日から25日に開催されたシアトル・コンベンションでは、文化祭・第三回学生部総会・第三文明展・第八回全米総会が行われた。学生部は、その大部分がヒッピーであった若者を結集し69年に結成されていたが、このときおよそ3500名が学生総会に参加した。第八回全米総会は、およそ1万人が参加し、池田会長からのメッセージが紹介され、またその後五年間のコンベンション計画が発表された[19]。

72年5月20日・21日のロサンゼルス・コンベンションには、池田会長が参加している。このコンベンションは、この年の1月にニクソン大統領によって正式発表されたNASAのスペースシャトル計画にちなんで「スペース・コンベンション」と名づけられた。この命名は、広大無辺の宇宙空間への人類の進出とNSAのアメリカでの発展のイメージを重ね、スペースシャトル計画の飛行士を模した衣装などが準備されステージが演出された。またその命名には、NASAとNSAを引っ掛ける茶目っ気も発揮されている。

さて、ロサンゼルス・コンベンションでは第九回全米総会・第四回学生部総会・第三回第三文明展・世界平和文化祭（出演者2千名）などが行われ、全米から1万人あまりの参加者があった。

またこの訪米の折、池田は北ロサンゼルスのマリブ・ビーチに開設されたマリブ研修所の開所式に出席している。本部のあるサンタモニカから車で30分ほどのリゾート地に設けられたこの研修所は、開設されたNSA時代から長きにわたってアメリカSGIの人材育成の拠点となった[20]。

1970年代に入るといくつかの局面を経て、日本における創価学会は安定期、あるいは成熟期に入りつつあった。1970年1月会員数は、750万世帯を突破する。ロサンゼルス・コンベンションが開催された1972年も、創価学会の歴史において非常に重要な年である。この年は、「七つの鐘」構想の総仕上げにあたる「第七の鐘」の出発の年であった。そして、「第六の鐘」の出発のとき第一の目標として定められた、正本堂が完成したのもこの年10月のことであった。

会長の池田のロサンゼルス・コンベンションへの出席は、訪米8回目の折のことであったが、このときは4月下旬からちょうど一ヵ月間にわたり、最初ヨーロッパを巡り、アメリカ東海岸から西海岸、そしてホノルルから日本に帰るという長い旅程であった。

この旅のなかで後の創価学会とSGIにとってとくに意義が大きかったことは、ロンドンにおいて歴史家のアーノルド・トインビー博士と対談を行ったことである。この対談はトインビーからの申し出によって実現した。1969年の秋、トインビーから池田宛に手紙が届く[21]。

これは、トインビーがその二年前の訪日の折、創価学会と池田について多くの人びとから教えられ、その思想と行動に強い関心をもち、英訳された池田の講演集や著作を紐解き、そして、ぜひ対談を行いたいと手紙を送ってきたことに端を発している。その書面には「現在、人類の直面する諸問題に関して、二人で有意義に意見交換できれば幸いです」と記されていた（年譜 2005: 452/568/631-3）。

対談は1972年と73年の5月に二度にわたって行われた。トインビーは83歳、池田は44歳であった。対談は、後にまとめられ『二十一世紀への対話』として出版される[22]。このトインビーとの対談集が重要なのは、人権・環境・ナショナリズム・平和・生命・宗教などが広範に論じられ、今日まで続く創価学会とSGIの活動の基本的な指針となったことである。『二十一世紀への対話』の精神は、出版後40年を経た今日も創価学会とSGIのなかで尊重され、脈々と受け継がれている[23]。

それともう一点大事なことは、トインビーから対談終了後「お会いしていただいて、決して時間の無駄にならない私の友人の名を記しておきました」とリストが託された。ここからローマクラブ創立者のアウレリオ・ペッチェイなどを始めとする、池田の世界の識者との対談が本格化することになる。これも創価学会とSGIにとって特記すべきことである。

またさらにトインビーとの対談が、イギリスSGIの発展に大きな刺激を与えたことも忘れてはならない。1961年の池田の初訪英によってイギリスで最初期の活動の萌芽が見られたが、実際は、ロンドンにおいて1965年ころから、草創を担った婦人によって日本語で座談会が開始されていたものの、まだ胎動は微弱であった。69年ころからは英語での座談会も開かれるようになったが、活動は緒についたばかりだったという。

ロンドンでの活動が活発になるのは、イギリスSGIの副理事長であるカズオ・フジイが"UK Express"[24]をほとんど独力で創刊した1971年1月が一つの転機である。71年の後半になるとフジイを助けるメンバーも現れたというが、隔月刊の第3号までの発行は渡英してから二年ほどしか経っていない、英語力もまだ十分でなかったはずのフジイがたった一人で、原稿を書き記事を集めて編集し、さらに一回の発行分の250冊の印刷費までも捻出したのだという[25]。

組織的な活動がこのように始まったばかりであった時期のイギリスに、トインビーとの対談のため池田が滞在したことのインパクトは大きかった。ロンドン滞在中の池田は多忙なスケジュールをきわめ、また対談準備のため夜も質問事項などを推敲しなければならなかったので、メンバー一人ひとりを激励する時間はなかったのであったが、このときイギリスの初代男子部長であったフジイや、トインビー対談を録音テープから起こすために駆り出されタイプ打ちを担当したメンバーなどに、池田は親しく接した。池田の謦咳に接したこれらのメンバーが、今日もイギリスSGIを支える中核メンバーとして育つことになった。このようにトインビー対談は、非常に重要な意味をもったのである。共通点もあるが、イギリスにはイギリスの歴史と物語があるので、それはまた別の機会に紹介することにしたい。さて、アメリカに話を戻そう。

この時代のNSAの教勢の伸長を見てみよう。残された資料は断片的であるが、それらを用いてパークスがおおよその推計を行っている。それによると、1970年から72年までが20万人で推移し、73年に22万人、74年に25万人（資料によっては20万人）、75年に23万5000人、76年に23万7500人となっている。

この数字以外にパークスは、機関紙の『ワールド・トリビューン』の発行部数も示しているが、それは次のようになる。72年に4万部、73年に5万5000部、74年に6万部となっている。そして、パークスはこちらの数字が実際の教勢に近いのではないかと推測している（Parks 1985: 109-12）。

いずれにしても、先に引用したように1960年代末に、数を競う弘教を控え、教学を重んじながら慎重な弘教を継続的に実践していこうとした、ウィリアムスを中心とするNSA執行部のいちおうの方針にもかかわらず、量的拡大は止まらなかったということである。そして、それがどのような帰結をもたらすのかは1976年に明らかになるのであるが、その予兆は、73年ころからしだいに生じていた。

NSAは70年に入ると強引な折伏や、日常生活の犠牲を強いるようなコンベンションへの捨て身の献身を控えるように舵を切ったのであったが、結局、それは長く続かなかった。すぐ後に、盛大なイベント開催への志向性を強くもっていたウィリアムスが得意満面となる局面が訪れたからである。

つまり、1972年10月、この当時宗門と仰ぐ富士大石寺において、正本堂の完成を慶祝する行事が幾重にも営まれたが、その幕開けとなる正本堂大御本尊御遷座大法要において、大石寺日達法主と池田会長の眼前で、その遷座する大御本尊を先導する大役の二人のうちの一人としてウィリアムスが選ばれたのである。
この大法要は、二週間以上も続いた一連の正本堂落成慶讃大法要の幕開けとなる非常に重要な行事であり、正本堂に本門戒壇の大御本尊[26]が御安置されたことを慶祝する儀式であった。いわば、７５０万人以上の全創価学会員の視線が、大御本尊とともに進むウィリアムスに注がれたのである。この大役を果たしたときウィリアムスの全身を貫いたであろう絶頂感が、一年後に予定されていた「正本堂コンベンション」にＮＳＡの全エネルギーを傾注しようという決意を湧き立たせたのではないだろうか。

翌１９７３年10月に開催された「正本堂コンベンション」は、じつに破格な企てであった。ＮＳＡのコンベンションを日本において実施するのも最初の（そしてただ一度きりの）試みであったが、併せて第五回アメリカ学生部総会[27]と第十回全米総会[28]が、創価大学と正本堂において開催された。これらは一連の正本堂建立一周年記念行事のなかに、ＮＳＡの年間行事が折り込まれたような体裁で行われたが、全米からじつに3千人ものＮＳＡメンバーが来日し、壮麗なイベントが連続して挙行された。会長の池田は「〝地球家族〟への幕開け」と題し、正本堂法庭東広場で開催された全米総会の席上で挨拶をしている。

> 私は、本日のこのコンベンションこそ、まさに地球家族への開幕を告げる壮挙として意義づけたい。アメリカの市民3千人が、この富士のふもとに集ったという事実に匹敵する壮挙が、仏法3千年の史上、かつてあったでありましょうか。…日蓮大聖人の仏法は、日本という国のみの仏法では

ない。否……皆さんの仏法であり……一人一人の市民の仏法である……とくに、アメリカはあらゆる民族の人々が集いきたって形成している国であり、このアメリカの大地に、まず世界宗教を根底にした21世紀につながる自由、平等、そして幸福を追求する権利の見事なる実証を示していただきたい。どうか……ふたたび〝妙法のフロンティア精神〟を発揮して、自由なる独立人として、仲良く連帯を強め、人々のために、世界のために、平和のために戦ってください。（池田大作 2008: 26-7）

池田のこの挨拶には、正本堂建立一周年の慶祝行事に馳せ参じた3千人ものNSAメンバーの姿のなかに、創価学会が真に世界宗教として羽ばたく可能性を確信したような響きが込められているだろう。

正本堂コンベンションでは、ウィリアムスのお気に入りのブルーのスーツの制服に身を包んだNSAメンバー一行が、第一陣の来日した10月2日から、18日に池田会長の見送りを受け帰途につくまで、二週間以上にもわたって日本に滞在し各地で獅子奮迅の大活躍をした。そのときのNSAメンバーの大躍動を伝える『聖教グラフ』（1973年11月10日 臨時増刊号）は、「「輝ける未来」へ 燃えるNSA」というサブタイトルと、もう一つ「特集・正本堂コンベンション［第十回全米総会］」という二つのサブタイトルが大きくカラフルな表紙に躍っている。

この『聖教グラフ』のほとんど全ページに、躍動するNSAメンバーの姿が活写されている。今日の目で見ても大掛かりで壮麗なステージの舞台装置は、30メートル×14メートルもの大きさだったが、背景がドラマの進行に連れて動く仕掛けが凝らされていた。

その装置も舞台全体も分割組み立て式で、そのすべてをチャーター機の格納庫に収めてアメリカから持ち込んだのであった。チャーター機の貨物室はすべてこれらの装置や大小道具に占拠されてしまったので、メンバーには機内持ち込み可能な手荷物以外の品の携行が許されなかったという。このときの正本堂コンベンションの困難なミッションを遂行するにあたって、NSAのモットーは「不可能を可能にする」であった[29]。

メイン・ステージの出演者850人分の衣装も手縫いされ、ヘアスタイリストは出演者の500人分のそれをまかなったという。バレエ仕立てのステージの主題は「師弟不二」であったが、これを一般のアメリカ人が理解しやすいように、「父に会う子供の喜び」、そして「私が尊敬する人」というように、咀嚼しやすいテーマにパラフレーズして仕立て直し、舞台化したのだという。

「不可能を可能に」した「正本堂コンベンション」の達成が、NSAにとってどれほどのものであったかは、『聖教グラフ』の写真の随所で、満面に笑みを浮かべているウィリアムス理事長の姿がそれを物語っている。

ウィリアムスは、1960年以来わずか十数年で、ほとんどゼロから新天地《ニュー・フロンティア》アメリカにおいて菩薩たちを涌出させ見事に結集しえたことを、正本堂大御本尊の御前において高らかに宣したのであった。

5 SGI設立

ウィリアムスは、大石寺における第十回全米総会の席上で、翌年のコンベンションがサンディエゴで開催されること、そして、翌年のNSAの活動目標として、着実な弘教と教学の深化を掲げた。サンディエゴ・コンベンションは1974年4月に開催された。

4月6日に行われた3千人による中心市街での「スプリング・フェスタ・パレード」と、その翌日の氷上文化祭と第十一回全米総会がサンディエゴ・コンベンションの中心行事だった。氷上文化祭は、スポーツアリーナの床を氷結させスケートリンクにして、1500人の参加者がスケートをしながら演技した。コンベンションの際に挙行されるステージの演出は、毎回趣向が凝らされていたが、アイスショーはこのときが唯一であった。

池田も、サンディエゴ・コンベンションに参加している。3月7日に日本を発ち、サンフランシスコからアメリカ合衆国に入り、中南米を経てアメリカに戻りマイアミなどを訪問し、さらにサンディエゴ・コンベンションに参加し、ホノルルを経由し4月13日に日本へ戻るという長い旅程であった（年譜 2005: 687-95）。

このときの旅の中心の一つは、3月中旬サンパウロで予定されていた第三回世界平和文化祭への出席であった。ところが、池田にブラジル入国に必要なビザが発給されなかった。軍事政権下にあったブラジルは、日本での創価学会の風評に反応して、何度申請してもとうとうビザを出さなかったのだといわれている[30]。その結果、池田が1966年に前回訪問して以来、1984年に三度目のブラジルの土を踏むまでに十八年間の空白が生じることになるのであった。ブラジルSGIの歴史において、この逆境を糧に変えようと連帯を強めたことが語り継がれている。

池田はブラジル訪問が実現しなかったので、行き先を転じパナマへ初訪問を果たし、次にペルーを訪れた。その後はロサンゼルスに戻るとカリフォルニア州立大学ロサンゼルス校（UCLA）において「二十一世紀への提言――ヒューマニティーの世紀に」と題して講演を行った。これが池田の大学で行った最初の講演となった。講演では、前年に二度目となったトインビー博士との対談を踏まえ、「大我」について説いている。

池田が、初めてアメリカのアカデミックな聴衆に対し、日蓮仏法のどのような特質を強調したかったのか知ることができる興味深い講演なので、少し紹介してみよう。紙幅の都合で、残念ながら引用では、アメリカ人にも大いにアピールしたはずのジョークやユーモアは割愛せざるをえない。

人生は無常であり、それゆえに苦の集積であり、さらにこの現実の肉体を持つ自己自身も、必ず死ななければならない。その死を恐れずに見つめ、その奥にあるものをとらえることを、仏法は教えております。

先ほども申し上げたとおり、無常の現象にとらわれ、煩悩のとりこになるのは、決して、愚かな行為と片付けることはできない。というより、人間の生ある限り、生命の存在がある限り、生に執着し、愛を大切にし、利を求めるのは、自然な感情だからであります。従来、仏教は、煩悩を断ち、欲を離れることを教えるものとしてとらえられ、文明の発達の対極にあるもの、それを阻害するものとさえ考えられてきた。（池田 2008: 37）

ここで述べられているのは、ヨーロッパやアメリカで知識人が受容している仏教の理解——おそらくは、ショーペンハウアー的な——が不十分であることの指摘であるだろう。この論点は、トインビー博士との対談においても述べられていた（池田・トインビー 2003: 99）。そのときの経験を踏まえ、キリスト教圏の人びとに大乗仏教の包容力と魅力をアピールしようとしたのだと考えられる。上記に続けて、次のように述べている。

仏教の真髄は、煩悩を断ち、執着を離れることを説いたものでは決してない。無常を悟って、諦めを説いた消極的、虚無的なものでなく、煩悩や執着の生命の働きを生みだす究極的な生命の本体や、無常の現実の奥にあり、それらを統合、律動させている常住不変の法のあることを教えたのが、仏法の真髄なのであります。すなわち、無常の現象に目を奪われ、煩悩にせめられているのは「小我」にとらわれているのであり、その奥にある普遍的真理を悟り、そのうえに立って無常の現象を包み込んでいく生き方こそ「大我」に生きるといえましょう。

この大我とは、宇宙の根本的な原理であり、またそれは同時に、私達の生命の様々な動きを発現させていく、根本的な本体をとらえた「法」であります。

トインビー博士は、この本体を哲学的用語で「宇宙の究極の精神的実在」と呼ばれておりましたが、それを人格的なものとしてとらえるより、仏教のごとく「法」としてとらえるのが正しいと思うと言っておられました。

この「小我」でなく「大我」に生きるということは、決して「小我」を捨てるということではない。むしろ「大我」があって「小我」が生かされるということなのであります。

…中略…

トインビー博士は、みずからのエゴにとらわれた欲望を「魔性の欲望」と認識され、それに対し「大我」に融合する欲望を「愛に向かう欲望」と名づけられました。そして「魔性の欲望」をコントロールするためには、人間一人一人が内なる自己を見つめ、制御することが必要不可欠であると、21世紀への警鐘として述べられたのであります。

来るべき21世紀の文明は「小我」に支配されてきた文明を打ち破り、「大我」を踏まえ、無常の奥にある常住の実在をつかんだうえに立っての円満な発達が要請されるべきであります。それでこそ、初めて人間は、みずからが人間として自立し、文明は人間の文明になるのであります。そのような意味から、私は、21世紀を「生命の世紀」でなければならないと訴える次第であります。（池田 2008: 37-41）

池田は、欲望や執着、つまり煩悩を滅却するという消極的で虚無的な諦観ではなく、そのような煩悩に翻弄される「小我」の奥に存する「大我」をしっかりと見据えることによってこそ、人類が来るべき二十一世紀を「生命の世紀」として希望を保つことができるという展望を述べている。そして、池田が述べる「大我」の主張がトインビーの論ずるところと共鳴し、それはキリスト教が説くところの愛と重なることが展望できるとは、また佐藤優の説くところでもある。[31]

１９７０年代の半ば、池田がこのような講演を行ったとき、その目指すところとして日蓮仏法を世界宗教として定位させることを射程に収めていたのだと考えられる。そして、そのようなヴィジョンは、おそらく会長就任の早い時期からもっていて、そうであればこそ、１９６０年の初訪米以来、翌年のインドなどアジア歴訪、そしてその年秋のヨーロッパ諸国初訪問を皮切りに、中東諸国を含む世界各国への度重なる訪問、さらには、７０年代に入ってからすでに何度か紹介したような、かなり長期間の海外への訪問が重ねられていったのではないだろうか。トインビー博士との対談以降、海外諸界の有識者との対談も、このような流れのなかで日蓮仏法の「国際化」を目指す動きであったと位置づけることができるだろう。

この時代、池田が世界を見据えていたことは、海外歴訪の足取りからも読み解くことができる。１９７４年5月末から6月中旬に最初の中国訪問を行い、同年9月上旬にはソ連へ初訪問を果たした。さらにこの年12月には、もう一度中国を訪れている。ソ連では当時のコスイギン首相と会談し、中国では鄧小平副首相と対談し、さらには重い病の床にあった周恩来総理にも招かれ対面している。この時代、ソ連と中国の関係は冷えきっていたのであったが、民間人の池田が両国の首脳と会見し、意思の疎通の一端を担ったことは異例のことであったはずである。[32]

そして、明けて１９７５年、この年も池田はきわめて精力的に海外へ出ている。まず正月早々アメリカに向け旅立つ。三週間以上にわたる長い旅程であり、アメリカ六都市を訪問し要職にある人びとと会談を行っている。ニューヨークの国連本部ではワルトハイム事務総長と会見し、創価学会青年部が集約した核廃絶のための一千万人の署名簿を手渡している。

ワシントンDCでは、キッシンジャー米国務長官と会談している。キッシンジャーとは、何年も前から書簡のやりとりを重ね、「訪米のさいには、立ち寄ってほしい」との誘いを受けていたという。二人はこの時代の国際問題の様々を論じ、AP通信も「有意義な会談」であったとのキッシンジャーのコメントを交えたニュースを世界へ配信した。なお、キッシンジャーとはこの後7回もの会談を重ね、対談集も刊行している（年譜 2005: 754-5）[33]。

ワシントンDCではアーリントン国立墓地を訪問し無名戦士の墓に献花し、その後シカゴへ向かう。シカゴ、ロサンゼルス、ホノルルを経て、1月25日にグアム島へ到着する。翌26日、池田の呼びかけに応じて第一回世界平和会議に集った、51ヵ国・地域、158人の代表の合意によって「創価学会インタナショナル（SGI）」が発足した。池田はSGI会長に推挙され就任している。

このとき、創価学会の国際機構としてSGIは発足したのであったが、すぐにその活動はコンスタントに行われたわけではなかった[34]。しかし、世界広布を目指し、世界各国・地域の会員を包摂するような組織がこのとき初めて生まれたのであった。もちろん日本の創価学会本体がすべてにおいて抜きん出ていたが、NSAなどの各国の組織も、SGI傘下ということでは、日本の創価学会本体と並んで位置づけられることになった。世界各地の組織は、日本の創価学会の下部組織ではないことが示されるかたちとなった。

SGI会長に就任した池田は、次のようなスピーチを行っている。

ある面からみれば、この会議は小さな会議であるかもしれない。また各国の名もない代表の集まりかもしれません。しかし幾百年後には、今日のこの会合が歴史に燦然と輝き、皆さんの名前も人類史はもちろん、仏法広宣流布の歴史にも、厳然と刻まれゆくことを、私は信じます。

現在、世界は軍事、政治、経済という力の論理、ならびに利害の論理のうえに立って、平和が阻害され、つねに緊張状態にある。この悪循環こそ世界の実態であります。

こうした平和阻害の状況を打破していくものは何か。結論していうならば、これは高等宗教であることは論をまちません。その高等宗教とは観念論に終始するものではなく、現実にこのように平和への千里の道を切り開いていく高等宗教であります。

御書に「異体同心なれば万事を成《じょう》し」（御書：1463）との有名な一節がある。この一節はさまざまに論じられていますが、大きく開いた次元で論ずるならば、異体同心とは各国の民衆と民衆が妙法を根本にして団結して、助け合って進んだときにこそ、必ず永遠の平和は達成されるという意義であると、私はとりたい。（池田 2008: 56-7）

この時期、池田の世界を駆け巡る「民間外交」とＳＧＩの設立がほぼ同時であったことにも、世界宗教として日蓮仏法を定立しようというヴィジョンを見てとることができるだろう。

十三世紀、日蓮その人が直面した「異体」的な状況よりも、二十世紀人類が直面するその状況はより深く困難をきわめているだろう。そういう状況を切り開くため、日蓮仏法を宣揚しようという試みの第一歩が記されたのである。

6 ブルー・ハワイ・コンベンション

1974年の暮、SGI設立総会が開かれる一ヵ月ほど前、ゲイリー・ミュリーは、突然、ハワイに来るように命じられた。ゲイリーを呼びつけたのは、ウィリアムス理事長であった。

ゲイリーは、1968年、美術大学の一年生のときNSAに入会し、1972年にロサンゼルスで行われた「スペース・コンベンション」以来、NSA芸術部のリーダーとしてコンベンションのステージや大道具を企画・設計・施工する責任者を務めていた。

ゲイリーがワイキキに着くとすぐに、ウィリアムスは自分が描いた一枚のスケッチを示しながら、夏に開催される予定の「ブルー・ハワイ・コンベンション」[35]のメイン・ステージの、彼自身による構想を夢中になって、ぶっ続けで四、五時間にもわたって滔々と日本語でまくし立てた。

ゲイリーは日本語が分からなかったし、通訳もいなかった。それでも、ウィリアムスの長時間にわたる何ものかに憑かれたような弁舌に驚きながらも、示されたごく簡単なスケッチを眺めていると、いったい彼が何をしたいのか、しだいにある程度察しがついてきた。

そして同時に、その破天荒なアイデアが、カトウNSA副理事長や他の幹部たちの誰からも支持されなかったにちがいないことも分かってきた。ウィリアムスは、これまで彼の要望に応え、いくつものコンベンションを見事に実現させてきたゲイリーに直接交渉することで、今回も桁はずれな彼のアイデアを実現しようとしたのである。

ウィリアムスは、ワイキキ・ビーチに巨大な人工の浮島を作って、浮島上に舞台を設けてビーチ全体を観客席として、ショー仕立てのさまざまなイベントを繰り広げようと想を練ったのである。人工の浮島にくわえ、ハワイ民族文化の称揚を意図してポリネシア村の建設と、全米メンバーを結集してカラカウア・アベニューで派手なフロートを使った大パレードも一連の行事として企画していた。

浮島上のステージは、幅は30メートル、奥行きは45メートル、高さは全体を火山の形を模したので21メートルにもなった。モデルにしたのはマウイ島にある世界最大級の噴火口をもつハレアカラ火山である。その噴火口から噴煙を上げたりする仕掛けも凝らされていた（口絵写真7・8参照）。

また、火山の中腹には巨大なスクリーンが設置され、さまざまな光景が進行する舞台に呼応し映し出された。この大スクリーンは、裏側から逆向きに映像を投映することで必要な光景が映し出されたが、当時は今のような巨大モニターは一般化していなかったので、これはかなりの苦心作であった。

舞台自体の奥行きは45メートルであったが、バックヤード分も含めると浮島全体の奥行きは、およそ210メートルにもおよんだ。このような広範なスペースが必要だったのは、浮島の電力や水道は自足しなければならなかったので、バックヤードにこれらのための機材や設備や飲料水タンクなど、さらには出演者の更衣室やトイレなども設置されていたからである。

ウィリアムスの壮大無比な思いつきを、ゲイリーは意地で実現させたのかもしれない。ゲイリーは、ウィリアムスのどんな困難な提案にも「ノー」と言いたくなかったのである。ウィリアムスが、コンベンションに自分自身とNSAの持てる力の、ほとんど最大限までも傾けようとするのは、このころ彼に、日本から自立した組織としてNSAを運営したいという意欲があったことの現れであったと解釈できるかもしれない。

そういうウィリアムスの自己顕示的な動機を察しながらも、ゲイリーには、これまでのコンベンションでいつも「不可能を可能に」してきたという意地があった[36]。コンベンションのテーマや意義を解釈して、それを芸術的に造形する。そのためにさまざまなアイデアを考案し、技術的な隘路や困難を切り開くことに、ゲイリーは真骨頂を発揮してきた。だから彼は、ウィリアムスに「できるか」と問われたとき、決して「ノー」とは言いたくなかったのである。

最初は、ウィリアムスの描いた簡素なたった一枚のスケッチのみ。そこからすべてが始まった。74年の末から半年にわたるスケールの大きなドラマが、ウィリアムスが差し出したたった一枚の紙片からスタートして、見事に成就したことを知る人は、その当時ほとんどいなかった。

しかしこのエピソードには、このころすでにNSAに備わっていた底力が示されていると思われる。途方もない目標であっても、それに向かって一丸となり、それを完遂していくのに必要な団結心と連帯力を、アメリカ合衆国という多元的で多民族からなる社会における一宗教団体にすぎないNSAが、このころすでに我がものとしていたことがうかがえるであろう。

ゲイリーはワイキキから帰ると、ウィリアムスのプランを実現するために全身全霊を傾けた。そもそも全体のデザインと構造をどうするか思案をめぐらせ、それが決まると今度は細部を詰めた。すべて細部まで決まると模型を制作した。模型ができあがると、それを日本に持っていって、1975年1月グアムで開催されたSGI設立総会の終わった直後であったが、それを池田に披露し了承を得た。

2月末、サンタモニカ市公会堂でNSAの2月度幹部会が開かれたが、ここで「ブルー・ハワイ・コンベンション」の大綱とスケジュールが発表された。つまり、ゲイリーは、約二ヵ月の間この浮島のアイデアを練り上げることに没頭し続け、そして一気呵成にこの困難なミッションをやり遂げる目処をつけた。

最終的には、ゲイリーたち中心スタッフは、7月末のコンベンション終了まで、およそ5ヵ月近くにわたってハワイにとどまることになった。浮島は台船2隻の上に巨大な鉄の箱を据え付け、その上にステージを組み上げて完成する見通しをつけたが、まずは施工を引き受けてもらえる業者を探すため、題目を唱えながら、電話帳をめくって電話をかけまくった。すると、橋梁を作る会社が興味を示し、ぜひやってみたいと引き受けてもらえたのだという。ハワイはアメリカの軍事基地の一大拠点なので、このような巨大な構造物の製作も得意とする会社が存在していた。

7月25日、三日間にわたる「ブルー・ハワイ・コンベンション」は開幕の日を迎えた。この日の午後、池田は、ワイキキの浜辺近くに完成した「ポリネシア村」を訪れ、その後NSA主催の祝賀晩餐会にも招かれて各国代表の120人とともに出席した。夜の8時から、全米総会の前夜祭として「ゴールデン・ハワイアン・ナイトショー」がホノルル市の野外音楽堂で1万2千人を集め開催された。

「ゴールデン・ハワイアン・ナイトショー」では、ジャズやスパニッシュダンス、さまざまなポピュラーソングなどの演奏や演目が披露されたが、出演者には、ジャズピアニストとしてすでに大きな成功を遂げていたハービー・ハンコックのような、アメリカを代表する芸術家のメンバーも含まれていた。ハービーは、1972年から信心を始め、73年の正本堂コンベンションには設営役員として参加し、作業着姿で総会の舞台づくりに励んだという。

7月26日、正午からハワイ・コンベンションの中心行事である、「建国二百年前年祭」と銘打たれた第十二回全米総会が開催された。まさにこのときのために、ゲイリーは心血を注ぎ浮島のステージを作り上げたのであった。この総会には、NSAメンバーの二万人にくわえ、中南米の諸国、そして、創価女子中学・高校の生徒・教員を含む日本からの代表らが参加していた。メンバー以外も含めると、ワイキキ・ビーチには三万人あまりの人びとが参集した。

このとき、池田は次のようなスピーチを行った。そのなかに、ハワイについてある感慨とともに、創価学会とSGIの会長として、このとき池田が何を見据えていたかをうかがうことができる興味深いものがある。


私が世界への平和旅の第一歩をしるしたのは、今から15年前、このハワイの地でありました。

私は、仏法者であります。私は一切の暴力を否定する生命尊厳の信仰者であり、平和主義者であります。私はいかなる人とも、いかなる国とも、友好を結んでいくことを信条としております。そして、われわれは仏法を基調とした平和と文化を推進していく団体であります。

したがって、現在の世界平和実現への課題は、民族、国家、イデオロギーの壁を越えて、人間対人間の共鳴音をいかに奏でるかにあるというのが、私の一貫した主張であり、行動であります。以来、37ヵ国を世界平和のために回ってまいりました。

国と国との平和協定の延長線上にのみ平和を求めるのでなく、民衆と民衆、人間と人間との友愛と調和のなかにこそ、より深く、より強靭な真の平和は築かれていく。つまり、一個の人間を基調とする〝人間平和〟があってこそ、崩れぬ世界の平和もありうると、考えるのであります。

ハワイという美しい島のなかに、この〝人間平和〟の現実がある。たまたま民族の結晶である意義深いこの地を、人類の平和創出への旅路を誓うコンベンションの舞台に選ばれたことに、皆様の深い決意と使命の炎の強さをうかがう思いであります。

では、生活、風習の違う異民族同士の人間共存を可能にしたものは、なんであったか――。

それは、ハワイの人々の英知が生み出した〝アロハ〟の精神であると申し上げたい。〝アロハ〟は、歓迎にも、別れにも使われている言葉でありますが、深い好意を示す感情の表現でありました。それが転じて、友愛を重んじる調和の精神を〝アロハ〟の精神というようになったと、聞いております。

これは生命の絶対的尊厳に根ざす仏法の〝慈悲〟と〝寛容〟にも通じるものであります。いかなる国の人であれ、互いに尊重しあい、共存しようとの精神のあらわれであるといえましょう。

…（中略）…

生命尊厳の思想を堅持する皆さま方の明朗な実践によって、アメリカの誇り高い勇気と情熱の〝フロンティアスピリット〟と友愛と調和の〝アロハの精神〟とが見事に融合し、アメリカ合衆国が平和という全人類の悲願を成就する一大推進力となることを念願してやまないものであります。（池田 2008b: 60-1）

スピーチ冒頭で、ハワイを起点として創価学会と池田が世界へと旅立ってから早くも15年が過ぎたこと。そして、ハワイは、太平洋の真ん中に位置し日本とアメリカの中間点であり、日本人移民とその子孫も多く、日本とアメリカをつなぐ架け橋であり、SGIもまたハワイを経てアメリカ合衆国、さらには世界へと広まっていったこと。そのようなハワイこそ、いわば創価学会がSGIへと展開する、まさにそのスタートラインとなったことへの感慨と、またある種、愛惜の念が込められているかのようでもある。

続けて、宗教団体としてのSGIの世界への広がりは、日蓮仏法を伝播することによって、世界平和の実現を目的としていることをはっきりと宣している。そこで重要なのは、その世界平和は国家間の平和条約の締結によって達成されるのではなく、民族・国家・イデオロギーの壁を越えて、人間同士、また民衆と民衆との友愛と調和のなかにこそ築かれていくのだという指摘である。そしてまた、そういう精神こそまさに「アロハの精神」にほかならないと述べられている。

さらに、NSAコンベンションが開催されるハワイにおいてこそ、「アロハの精神」と翌年の建国二百年を祝うアメリカ合衆国の「フロンティアスピリット」が融合し、相まってアメリカ合衆国が世界平和を牽引していくことに期待を寄せている。

このスピーチには、この時代、世界を駆け巡って「民間外交」を繰り広げた池田が、どのような理想と展望をもって創価学会とSGIを牽引していたのかがよく表現されているだろう。その「人間対人間の共鳴音」を希求する精神は、今日もなお古びていないだけでなく、グローバリゼーションが進展する現代において、ますます重要性を増すと考えられるだろう。

さて、7月26日の正午から始まった全米総会が終了すると、引き続き「インタナショナル・ショーと水の祭典」では、さまざまな国々の民族衣装をまとったメンバーによって、「世界の旅」が演出され、また、「水の祭典」では、ハワイ女子部の200人によって水中バレエが演じられている。水中バレエというのもこの当時にあっては斬新であったはずだが、経験者もなかったことから、習熟するにはかなりの苦労があったという。

夜には、コンベンションを祝賀するレセプションが開催され、海外各国から300人の来賓が出席している。その後、ワイキキ・ビーチで花火大会が行われ、またホノルルの目抜き通りのカラカウア・アベニューで、全米総会を記念する大パレードも実施された。これには約4千人ものメンバーが参加し、また5万人もの観衆も集まり、ホテルの窓からも多くの人びとがパレードを見守った。

コンベンション最終日の27日夕刻には、「スピリット・オブ・1776ショー」が開催された。これは、アメリカ大陸の発見に始まり、アメリカ合衆国の歴史と建国の精神をうたい上げた歌舞と水中演技による30シーンからなる大ミュージカルであった。最終のシーンは、コンベンションの開催地であるハワイの歴史にスポットライトを当てた、「ハワイアン・ファンタジー・ショー」であった。

フィナーレでは、ハレアカラ火山を模した浮島の噴火口から轟音とともに火炎が噴き上げ、また浮島の横に設けられた大きな滝から水が流れ落ち、ハワイアン音楽の調べが満ち、ビーチの水面にはカヌーが行き交った。そして、詰めかけた5万人もの観衆から大歓声がわき起こり、ビーチは大歓声に包まれ、大拍手が続き、1万発の花火が打ち上げられた。このような大興奮と大歓喜に包まれ「ブルー・ハワイ・コンベンション」は終了した。

7　広布第二章からフェイズ2へ

「コンベンションもいいでしょう。……しかし、コンベンション自体は、広宣流布、世界平和、一生成仏をめざすための、一つの化城です。仮の目的にすぎない。……したがって、皆に過剰な負担をかけ、年々、派手になっていく一方のコンベンションの在り方は、考え直さねばならない。」（池田2010: 196-7）

この非常に厳しいコメントが、ブルー・ハワイ・コンベンションを総括して、池田が、ウィリアムスＮＳＡ理事長に述べた言葉であった。年に一度の大規模なコンベンションを中心に据えて、組織を挙げて活動を行うスタイルが曲がり角に差しかかっていたのである。

しかし、翌年もウィリアムスは大規模なコンベンションを行った。ＮＳＡのコンベンションは建国二百年を祝う公式行事の一つに認定され、ボストン、ニューヨーク、フィラデルフィアの三都市で盛大に開催された。全米総会の会場はニューヨークであったが、７月３日に六番街を５千人ものメンバーが、合衆国の歴史のシーンや地域色を演出したさまざまな趣向を凝らし、「世界平和の夜明けに向かって」と銘打ったパレードを行っている。このパレード以外にも大きな劇場で何度かのショーや球場でのパフォーマンスも全米で行った。

しかしながら、このときニューヨークの会員や役職者たちは、かなりの数がこのコンベンションやパレードには参加しなかった。ニューヨークでは、すでに７３年か７４年あたりからさまざまな問題が出ていた。ニューヨークが先鞭をつけるかたちになったが、この時期、ウィリアムスの大コンベンションへの傾倒と折伏＝弘教重視路線への反発が、伏流水のようにＮＳＡの内部を流れ、そして水かさを増していたのである。

建国二百年祭を祝ったニューヨーク・コンベンションが終了すると、すぐにＮＳＡは「フェイズ２《ツー》(Phase 2)」（あるいは“Chapter 2”）と呼ばれることになる困難な時期を迎える。フェイズ２は、ＮＳＡにとって長期にわたる大きな試練の季節の到来となった。フェイズ２は、狭義には１９７６年以降１９８０年までの間を指すが、ＮＳＡの停滞は長期にわたり、結局１９９０年にいたるまで解消しなかったので、この間をいうこともある。まずは８０年までの事情を詳らかにしていこう。

そもそも「フェイズ２」あるいは“Chapter 2”という命名は、ＮＳＡにおいて独自に用いられ始めたというより、日本の創価学会の「広布第二章」を踏まえたものである。しかしながら、「フェイズ２」と「広布第二章」は同じものではない。「広布第二章」は、この時代の日本において打ち出された創価学会の新方針であるが、それがＮＳＡに波及すると、アメリカ固有の事情と相まって思わぬ展開を生むことになる。

最初に、日本の事情から解きほぐしていこう。１９７０年に創価学会は、戸田城聖が晩年の目標として掲げた会員数の十倍にあたる、７５０万世帯に達した。社会の中でこれだけの大勢力になると、一般に成熟や円熟が求められるという力学が作動することは組織論的な常識であるが、この時代の創価学会もそのような局面に差しかかっていたと考えることができるだろう[37]。

この年、５月３日に開催された第三十三回本部総会において、会長の池田は約一時間半にもわたって熱弁をふるっている。そのポイントは諸点にわたるが、これは創価学会がその性質を変えつつあったことを示す大事な点なので、このとき池田の述べた要点を以下で紹介しよう[38]。

①創価学会は「創業の時代」「建設の時代」を終え「完成期」に入った。これからの十年は、もはや教勢拡張のみに終始する時ではなく、社会での一人ひとりの活躍を要望する。

②「広宣流布は流れの到達点でなく流れそれ自体であり、生きた仏法の、社会への脈動」であり、また「妙法の大地に展開する大文化運動である」。「もはや、私どもは社会と遊離した存在であってはは絶対ならない」。『すなわち、信心しているいないにかかわらず、いっさいの人々を包容し、いっさいの人々と協調しつつ、民衆の幸福と勝利のための雄大な文化建設をなしゆく使命と実践の団体が創価学会』であり、「『社会に信頼され親しまれる学会』をモットーに、再び」進んでいこう。

③「言論・出版問題」について、「関係者に迷惑をかけたことを猛省し」、「今後は言論の自由を守り抜くことを総意として確認」する[39]。

④建設中の正本堂は、国立戒壇などではない。「国立戒壇という表現は、大聖人の御書にもなく、また誤解を招く恐れもあり、将来ともに使わない」。

⑤学会と公明党の関係については、学会は公明党の支持団体として党を支援するが、組織的には双方の明確な分離をあらためて確認する。「学会員一人ひとりの政党支持は自由で」あり、「創価学会は宗教団体として、信仰、布教に専念し、公明党は公党として、立派に社会に貢献し、

大衆福祉のために戦ってほしい」。

⑥学会が、これだけ大きくなり、社会に占める比重、責任が大きくなった現在、どうしても、私どもが、心していかなければならない問題は、創価学会の体質という問題であります。第一点は、布教、折伏の問題であります。これまでは建設期であったがゆえに、また若さのゆえに、あせりすぎた面もあった。そのため、ずいぶん注意したのですが、一部に熱意のあまり、つい行き過ぎて摩擦を生じた例があった」。「今後は、そうした行き過ぎの絶対にないよう、道理を尽くした布教、折伏でいくよう、これまで以上に互いに戒めあっていきたい」。これと関連して、第二点として、学会の組織形態として、これまでの「タテ線」から地域を基盤としたブロック、すなわち「ヨコ線」を基調としていきたい。

⑦「学会の体質として、とくに外部からいわれていることの一つとして、学会は上意下達で、下意上達がないという点があり、本当は、そうでもないのですが、とかくそう見られてしまう一面があることも否定でき」ない。今後も学会は、さらに最高に民主的な運営を心がけ、一人ひとりの意見を最大限に汲み上げ、学会本部の機構等も近代的なシステムに改革していき、宗教界の先駆となる、もっとも民主的な学会を目指していく。

⑧「今後の創価学会のビジョンとして、人間生命の躍動を根底とする新しい文化の創造と、次代の人間形成をもたらす教育事業とを宣揚していきたい」。「創価学会は、人間生命の開拓による英知の文化、創造の文化、すなわち、創価文化ともいうべき、新しい文化の母体として、社会に貢献して」いく。

この講演の論点はさらに多岐にわたっているが、私たちの関心、つまりSGI－USAに関わる範囲では上記の紹介で十分であろう。創価学会が戦後の大躍進期を経て、この時代、外からも内からも性格を変えることを余儀なくされている、そういう局面に差しかかっていたことが理解できる。

創価学会は、「言論出版妨害事件」などによって社会から批判を浴びたが、その反省に立って、組織の民主化を徹底推進し、また公明党との組織分離を行うこと。そして、教勢拡大に終始するのではなく、会員一人ひとりの社会での成長を重視し、たゆまず近代的なシステムに改革し、宗教界の先駆となるもっとも民主的な組織を目指す。これが、創価学会における「完成期」である今後十年の目標であることが、このときはっきりと宣せられている。

池田がこう述べるとき、まさに槌音高く響かせ正本堂は建設の真っただ中であったし、この翌年開学する創価大学もその姿を現しつつあった。たしかに、創価学会はある種の成熟の証しを結実しつつあった。これ以降、創価学会は、民主化と近代化、その二つを車の両輪としての組織の内部充実、そして、平和・文化・教育の分野に、その持てる力を注ぐことを明確化した。

この第三十三回本部幹部会で打ち出された方針は、翌々年の10月、池田が正本堂完工式において、これを機に「第一章を終え第二章の段階に入った」と挨拶して以降、「広布第二章」として、新時代の創価学会のとるべき進路とされることになる（年譜 2005: 595）。その翌月の、正本堂完成後初の本部総会（第三十五回）の講演においても、「いっさい（を）この正本堂に納めて、新たな夜明けの日の出を迎えたのであります。それはまさしく広宣流布の第二章、世界平和への日の出であります。第六の鐘から第七の鐘へ――」と述べられている（池田 1977a: 87）。

この「第二章」がアメリカに伝わり、民主化と近代化に主眼をおいて、教勢拡大よりも会員一人ひとりの成長を期待する、そういう指針がＮＳＡにおいても採用されるが、それによって、日本において持ちえなかった新たな意味と（ある種アイロニカルな）作用が生じることになった。アメリカ合衆国という文脈において、ある種、予想外の「第二章」が展開することになるのである。

ＮＳＡの第二章、つまりフェイズ２の開始は、建国二百年を祝賀するコンベンションの終了後まもなく、『ワールド・トリビューン』紙上において告げられたという[40]。この方針はＮＳＡ最高執行会議（NSA Executive Planning Board）によって決定されたものであった。理事長のウィリアムスにも押しとどめがたい波がうねりとなって、ＮＳＡの内部で高まりつつあった。

フェイズ２は、ニューヨークにおいてもっとも早くから、そしてもっとも激しい展開をみた。ニューヨークでは１９７３年から７５年にかけてストリート折伏が最盛期を迎えたが、すでにこの時期から、コンベンションを一年の活動の頂点に据え、そのために膨大な活動のエネルギーを傾注し、同時にまた教勢拡大のために激しい弘教へとメンバーを駆り立てる大量折伏路線に対し、大きな不満が高まっていた。

１９７４年４月のサンディエゴ・コンベンションに先立って訪米中の池田は、サンタモニカのアメリカ総本部において勤行の後、コンベンションへ向けてたゆまぬ努力を続けているアメリカのメンバーを労いながらも、壮大な規模のコンベンションを行うことでメンバーに蓄積する疲労や消耗を懸念する言葉を挨拶のなかに織り交ぜている（WT, Mar. 15, 1974）。

年がら年中、朝から晩まで、組織とその活動へ全力あげての献身を強いられる、そういう教団至上主義的なライフスタイルへの疑いが芽生えていたのである。教団活動への滅私的な没入は、メンバーの家庭生活を脅かしたり、あるいは地域や職場において責任ある振る舞いをすることを困難にするだけでなく、日蓮仏法の教学的研鑽や池田の指導の咀嚼、そして、それにもとづき自己の成長をはかること、つまり、信心そのものを妨げかねなかった。

なぜ、このような没入・没頭を余儀なくされたのか、今思えば不思議であるかもしれないが、当時のNSAメンバーにはウィリアムスのかけ声に従って進む以外の道はなかった。この時代には、会長の池田の指導や動向など、あるいは創価学会本部の意向も、そして宗門とのやりとりも、すべてウィリアムスを通じ伝達されるほかなかったからである。ウィリアムスの言葉は、そのまま池田会長の言葉であり、信濃町の意向であり、また宗門の声となった。

このような状況にあった1976年夏、先述したように、ニューヨークにおいて建国二百年祭コンベンションへの参加を多くのメンバーがボイコットした。その数は少なく見積もっても一千人はくだらなかったろうという。この数は、当時のニューヨークのメンバーの大部分であったと推測されている（Parks 1985: 152）。

ウィリアムスを中心とする執行部に対し、メンバーの活動リズムをスローダウンし、もっと自由に活動することを認めるべきだと主張する一部のリーダーとの間に見解の不一致が露わになり始めた。最初はニューヨークなどの一部の大都市を中心に、このようなメンバーの不満が顕在化し始めた、そういうタイミングでフェイズ2路線が採用されることになった。

フェイズ2の始まりとともにストリート折伏による大量のメンバー獲得を目指す弘教は止み、その結果、会員数は大幅に減少する。[41] パークスによれば、1970年台半ばには6万人の活動的なメンバーがいたが、1979年には3万人に半減した。組織的な折伏が停止した結果、1976年までは入会して一年未満のメンバーが3割近く、また1～3年のメンバーが5割程度いたが、1979年には入会後一年未満のメンバーが2・4%、1～3年のメンバーで19・6%にまで減った（Parks 1980: 342-3）。この状況は、別のデータによっても裏付けることができる。井上によれば、1973年から76年までは、少なくとも毎月1500世帯から3000世帯の入会があったが、1977年9月から12月の三ヵ月間では775世帯しか入会がなかった（井上 1985: 191-2）。

全米総会の規模は大幅に縮小され、コンベンションは中止された。1977年10月に行われた第十四回全米総会はサンフランシスコで開催されたが、会場はNSAの小さな会館であった。参加者数は正式に記録されていないが、千名を越さなかったとウィリアムス自身が述べている。その翌年夏の第十五回全米総会はシカゴで開催されたが、参加者数は1963年に同じシカゴで開催された第一回全米総会とほぼ同じであったという。さらにこのときは、全米のメンバーが一堂に会することを最高執行会議が認めなかったので、ミッド・ウエスタン方面からのみの参加者で実施された（ウィリアムス 1989: 284-8）。

フェイズ2が導入されるには、少し入り組んだ経緯があった。その決定を行ったNSA最高執行会議は、建国二百年を祝うコンベンションの直後に創設された。コンベンションへの参加を拒否したことで組織を追われた、ニューヨークの役職者たちが東京の創価学会本部へ苦情の手紙を送ったのだという。すると、東京から和泉覚副理事長がニューヨークへ事情を調査するためにやって来たが（ウィリアムス 1989: 283）、その後NSAの幹部たちも東京に赴き池田会長に面談したという。両者の意見を踏まえた池田の指示によって最高執行会議が創設された。そのメンバーは、ウィリアムスと四者の代表と二名の本部の上位の役職者であったという。池田は、ウィリアムスの独断を抑えるためにこの機構を設けることを提案したと考えられる[42]。

フェイズ2が開始された1976年当時のアメリカ社会の状況に目を向けることも大切である。社会状況は移ろいつつあった。ウォーターゲート事件もアメリカ合衆国に暗い影を投げかけていたし、ベトナム戦争も終結（1975年）していたが、甲斐ない戦争と、戦後の不況の中で、アメリカ合衆国は沈鬱な空気に覆われていた。公民権運動やベトナム反戦運動の熱は冷め、60年代世代（sixties）のカウンター・カルチャー運動は退潮した。NSAのような非西洋ルーツの（アメリカ社会においては）非伝統的な宗教運動に惹きつけられた多くの若者たちが、社会の前面から退いていった。

このような状況下、NSAのような運動に親近感をいだく若者が減少することになり、新規メンバーの大量獲得と大量動員による大コンベンション路線を柱とする、これまでのNSAの方針にとって逆風が強くなっていた。したがって、メンバーの新規獲得に邁進するより、すでに入会している人びとをしっかりと把握することに組織の活動の焦点が移り、信心を軸として個人の変革と充実（人間革命）を強調する方針へと戦略を転じることになったのであり、この路線転換こそ、NSAのフェイズ2路線の採用が意図したところであると考えるパークスのような論者もいる（Parks 1985: 153-6）。

私は、日本・創価学会における広布第二章は、まさにパークスが考えたような理由にもとづいて、運動体の次なるプロセスへの移行が決断されたのだと思う。それは、それがすでに何度か述べたように、７０年代初頭、成熟期に入った日本・創価学会が折伏路線から摂受を旨とする方向へ舵を切った主な理由であったと考えられると思う。

しかしながら、ＮＳＡの場合、フェイズ２は内発的に産み出されたわけではない。そして、その行方はウィリアムスのようなトップリーダーにも予想できないところがあったはずだ。十数年間でＮＳＡは大躍進を遂げたといっても、規模は日本における創価学会に比べるべくもない。このときＮＳＡは、アメリカ合衆国内においてはまだ微々たる小グループにすぎなかった。したがって、世評の風当たりが強くなったといっても、急いで対外的な融和をはからなければならなかったというほどのことはなかったと考えられる。

8　燎原の火のように

すでに何度か言及したが、フェイズ２によって火がついた炎は、ニューヨークから大きく燃え広がった[43]。ニューヨークは、フェイズ２の開始によるＮＳＡ大混乱の発信地となった。ニューヨークでは、メンバーの中にマグマのように溜まっていた不平や不満が噴出する出来事が最初に生じた。

その不満がどのようなものであり、どのようなプロセスをたどって噴出したのかを追ってみよう。

ニューヨークにおいてウィリアムスの指導への疑問が生じたのは、正本堂の落慶以降、１９７３年か７４年のころ、青年部のあるリーダーが、アメリカ人も役職者として登用し組織を運営するべきだと問題提起したことに端を発する。この提案によって組織が混乱を来し、青年たちの活動がまったく停止してしまったという。70年代の初めから激しく行われたストリート折伏の成果によって、ニューヨークでは現地の人びとが続々とメンバーとなっていた。しかし、組織の役職者はそれ以前と変わることなく、ほとんどを日本人が占めるという状況が続いていたのである。

ニューヨークには、ハワイや西海岸に比べて、パイオニアとなった日本人メンバーが少なかった。とくに戦争花嫁の女性などは、ニューヨークに軍事基地がなかったこともあり、その姿は稀であった[44]。日本人の比重が少なかったこと、つまり、日本的な思考法や、慣習や常識の浸透度が低かったことが、ニューヨークのNSAメンバーの特徴であった。詳細は後述するが、この点が、ニューヨークから混乱が始まったことと強く結びついている。

さらにまた、西海岸から遠かったという事情も、そういう状況に拍車をかけたと思われる。NSA本部は一貫してロサンゼルスにおかれていたので[45]、ニューヨークのメンバーにはウィリアムスはどこか遠い存在のように感じられるところがあったという。理事長であっても、遠い西海岸から年に何回か巡回してくる大幹部のなかの一人としてしか、ニューヨークのふつうのメンバーの目には映らなかったところがあったという。どこかウィリアムスの権力圏から遠いと感じられるところがあったようだ。

草分けとなる日本人メンバーが少なく、さらにウィリアムスから遠かったこと。このような状況で、組織の人事に対する不公平感が募っていった。そのとき、そういう不公平への不満をはっきりと表明した青年リーダーが出現した。この青年リーダーのSは日本人で、（当時二人しかいなかった）ニューヨークのNSA職員の一人でもあった。元は旅行社に勤務していたが、1966年ころには専従スタッフになり、ニューヨークのNSAを守り立てた中心者でもあった。

Sは、英語も堪能で、アメリカ人の気持ちをしっかりと捉えるものの見方や感覚をもっていて、「自分たちのことを分かってもらえる」と、彼らの人望も篤かったのだという。Sは、ニューヨークでは日本人中心ではなく、アメリカ人を中心とした組織を構築すべきだという信念をもっていたという。

Sがアメリカ人メンバーの不満を代弁して口火を切ることになった。彼は、アメリカ人も役職者に任命して、組織を運営すべきだと提案した。ウィリアムスは、Sの主張にはまったく耳を貸さなかったという。この問題は、最初はウィリアムスとSの個人的な確執であるかのように思われたというが、しだいに周囲にも方向性の違いが明らかになり、相違点をめぐって意見の対立が波紋を呼んで、多くの役職者を巻き込んで、結局、大混乱が生じた。

ニューヨークでは1973年から75年にかけてストリート折伏が最高潮に達し、マンハッタンの中心部のエンパイア支部とワシントン・スクエア支部が先頭を争うように成果を上げていた。しかしながら、その最中に組織は深刻な問題を抱えたのであった。この混乱のなかで、75年には青年リーダーの半数が組織を離脱し、ニューヨークでは青年部の活動が停止してしまった。この翌年の建国二百年祭コンベンションにニューヨークのメンバーが参加しなかった背景には、このような理由があった。

1975年にSはサンタモニカへと異動する。Sの異動によって、彼の考えが西海岸に伝播することになった。理事長であるウィリアムスの路線に異を唱えるSの考え方が、広くアメリカ人のメンバーの賛同を集めるようになると、波紋は全米の都市部へと広がった。フェイズ2が宣言されると、西海岸ばかりでなく、シカゴなどでも青年たちが活動を停止することになる。

つまり、NSA内部において組織的な問題が生じつつあったとき、フェイズ2の開始がその問題を拡大増幅し、大きな混乱を招いた。組織的な活動においては、折伏キャンペーンとコンベンションは停止し、全米総会など大きな会合も規模を大幅に縮小し、大規模なコンベンションも行うことができなくなり、メンバーの活動は、座談会や少人数での勤行会、および教学の研鑽に限定されたという。そして、あらゆる会合の回数が激減した。

つまり、フェイズ2によって、NSAはほとんどの組織的な活動の停止を余儀なくされた。メンバーは、個人レベルにおいてのみ信心が求められ、教学と唱題・勤行が強調された。ウィリアムス自身の言葉を借りれば、「メンバーがこの路線に忠実であろうとすればするほど、組織の存在が障害物のようにメンバーの行く手を遮る」ことになった（ウィリアムス 1989: 282）。

なぜこのような事態に立ち至ったのであろうか。フェイズ2が広布第二章に由来することは何度も述べたが、どちらにも共通するエッセンスは、教勢拡大よりもメンバー一人ひとりの成長を尊重し、組織の民主化と近代化をはかることであった。

しかしながら、日本の創価学会において広布第二章路線を採ることと、NSAがフェイズ2路線を歩むことでは、非常に異なった光景を現出することになった。日本とアメリカ合衆国とでは社会的な文脈が対照的であったからである。

個人主義と民主主義の本場の、そして近代化・合理化の最先端のアメリカ合衆国の中心部において、元来、じつはそれらとは縁遠かった日本に由来するNSAのトップリーダーが、皮肉にも、にわかに教師役を演じるのに似た、ある種の悲喜劇が生じた。

ひとりウィリアムスのみならず、このときNSAの広布の第一線にあった日本人は、第二次大戦前の軍国日本において生育した人びとがほとんどである。そういう彼らが、自由や個人主義、そして民主主義を自然に身につけたアメリカのメンバーに対し、それらを教える側に立つということになったのである。じつは生徒たちのほうが、教師のはるか先を歩んでいたのであった。

したがって、NSAがフェイズ2路線を開始すると、すでに少なからぬ数のメンバーが気づきつつあった疑問に火を点けることになった。アメリカ人が役職につけないこともそうであったが、NSAが個人主義と民主主義を尊重することによって、アメリカ合衆国市民の感覚に照らせば不可解な疑問や多くの問題が、次々とはっきりと表面化することになった。

早朝から深夜におよぶ弘教への専心、長い準備期間と相当の出費をともなう、家庭や仕事を犠牲にしてのコンベンションへの邁進などへの疑問が生じたことはすでに指摘したが、例えば他にも、ジェンダー別・世代別に集団化された組織活動（四者組織）[46]や、機会あるごとの制服着用などの画一的集団規律の強制、権威主義的な組織文化（名前ではなく役職名で互いに呼びあうなど）など、これらはアメリカ合衆国では、あまり一般的でない行動文化である。

それらは個人主義や民主主義、あるいは合理的な思考法に照らせば賛同しにくい規範的な様式であるだけでなく、よく考えて見ればすぐ気がつくことであるのだが、日蓮仏法とは直接に結びつかない行動規範ではないかという疑問が、ストレートに表明されるようになったのである。

日本的な思考法や行動様式、つまり日本文化と日蓮仏法の宗教的な価値や規範は、渾然一体と融けあっていて不離不可分なのでなく、区別できるし、区別すべしという異議申立てが、ウィリアムスを筆頭とする日本人リーダーたちに向けられた。

極端な例をあげれば、唱題・勤行の功徳は理解できるし大いに尊重もするが、題目をあげるとき、なぜ必ず正座しなければならないのかという声が上がった。正座そのものに、宗教的な価値があるのか、日蓮仏法上の必然性があるのか、それとも、それはたんなる日本的な習慣にすぎないのかという疑問が次々と表明された。

そして、同様な異議申立ては、フェイズ2の精神の浸透によっていっそう喚起され促進された。皮肉なことに、フェイズ2に後押しされるようにアメリカ人メンバーは、軽々とウィリアムスを追い越して行った。なぜなら、自家薬籠中のものである個人主義や民主主義をわざわざウィリアムスに習うまでもなかったからである。

日本においては、創価学会は会長の池田の指導によって上から民主化・近代化へと乗り出した。それが広布第二章であった。それに対しフェイズ2は、ウィリアムスらの思惑を越えて、一般のアメリカ人メンバーの素直な反応を呼び起こすことになった。彼らが求めたのは、信仰による人生の変革とその意味の充実、つまり宗教であって、それとは関係ない集団行動、つまり日本文化や習慣などは必ずしも必要がないという確認を、フェイズ2は後押しすることになった。

2節で紹介した元ヒッピーのイーサンが、髪を切りヒゲを剃って、ウィリアムスが定めた制服に身を包み、一糸乱れず整列しNSAのチャーター便に搭乗して、代々木オリンピックセンターの宿で、日本文化が課す試練と苦闘しながらも大石寺への登山に参加したのは、まさに信仰そのものを求めてのことであった。この時期はまだ、日蓮仏法と日本文化の腑分けを要求することは困難であった。日本人メンバーが組織を牽引していたので、信心と関係のない文化や習慣は要らないと訴えることは不可能だったからである。コンテンツとパッケージが一体化していることに、まだ誰も疑問を差し挟むことができなかった。

フェイズ2が引き起こしたNSAの混乱は、偶然的要因と必然的要因のもつれを解きほぐしながら理解することが大事だろう。それは、文化と文化の激しいコンタクトがどのように何を生み出すのかを分析することであり、グローバリゼーション時代を生きる私たちにとって、非常に大きな価値ある教訓を含むと思われる。

9　ジョージ・M・ウィリアムス

フェイズ2が開始されると、ウィリアムスの予想をはるかに超えた事態が生じたが、それはある意味当然の帰結であったかもしれない。一つには、ウィリアムスを筆頭にこの時代のNSAのリーダー層が、あまりに日本的であったということによるが、「日本的」という言葉で表現されるような傾向性は、ウィリアムスの個人的資質の問題であるだけでなく、当時の平均的日本人に共通する社会的パーソナリティであると考えることができるだろう。

込み入った事情を理解するための一助として、ここでウィリアムスの個人史を振り返ってみよう。[47]

貞永昌靖《さだながまさやす》は、１９７０年ころからジョージ・ウィリアムス（George M. Williams）を名乗り、その翌年ころアメリカ市民権を取得したことはすでに紹介したが、彼は１９３０年ソウルに出生している。父は満鉄の社員であったが、戦時中は朝鮮半島の鉱山事業に関係して、家は裕福であったという。戦後は父の実家のある山口県で暮らし、引揚者の苦労を経験しながらも、向学の念やみがたく苦学を覚悟で上京したという。

東京では、アメリカ空軍事務所のエレベーター・ボーイをしながら明治大学法学部に通った。卒業後は駐日米軍の情報部に採用され、生来の人なつこい明朗さによって、貞永はアメリカ軍将校たちから可愛がられ、その好意と援助によって進路が開けたのだという。

創価学会への入信は１９５３年11月、母の御授戒に付き添って行って、思わずそれとは知らず自分も御授戒を受けてしまったのだというのだが、その三年後の年末には、男子青年部総会において、自らの苦難の青春を振り返って、次のような体験発表している。

「戸田城聖先生、そして満場の二万の皆様、私は、ここに私の歩んだ三年間の信心を通して、御本尊様を讃えることができるようになれた只今の境涯を、心から感謝し・・・身をもって絶叫できる功徳に、ただただ感涙にむせぶものであります」と、しばし涙に絶句しながら情熱的に語ったという。

貞永は、このとき留学への決意と抱負も二万人もの聴衆の前で感激も露わに語ってしまったのであったが、じつはこのとき大きな不安につつまれていた。一年も前に送ったカリフォルニア州立大学ロサンゼルス校（ＵＣＬＡ）への入学許可申請の返事がまだ手元に届いていなかったからである。実際は入学許可の通知書は半年も前にロサンゼルスから発送されていたのだが、その通知書は、貞永の本籍地から何度もの転居先を追いかけるように、品川、荒川、渋谷と何枚もの付箋が貼り付けられて、やっとのことで到着した。

その封を切ると、貞永は愕然としたという。通知書には1957年1月18日までに現地に到着せよと記されていたが、それはわずかに二週間後のことであった。この後さらに紆余曲折があったというが、その間、戸田と池田に終始励まされ続けて、結局9月入学が許可され、その年の5月に渡米することになった。最初UCLAに学び、その後東部のメリーランド大学大学院で政治学修士号を修得している。

貞永の青春時代の軌跡から偲ばれるのは、彼が向学心あふれる青年であり、早くからアメリカに憧れていて、またアメリカ的な空気に接する機会があったこと。そして、生来の人なつこい明朗さをもち、ときに情熱的な語り口で人びとに訴える才能を有していた点である。

戦後まもない時代において、このような気質を備え才気ある人物抜きには、1960年に始まる創価学会のアメリカ布教は、おそらくだいぶ異なった様相を呈したのではないだろうか。彼は、日本婦人が中心であったアメリカ合衆国において会員を結集し、組織の基礎固めにおいて大きな役割を果たした。またNSAセミナーについて先述したように、英語で日蓮仏法を情熱的な語り口で説き始めたのも、彼の功績であるだろう。

NSAが上げ潮に乗っていたとき、池田がウィリアムスを高く評価しているのも上記の点である。今日のNSAの隆盛があるのはどのような理由なのかという、1971年のあるインタビューに答え、池田は、「貞永君を発見したことです。彼に委せたことです。いろんなことをいう人がいますが、私は信じていた。彼がなくて、今日のアメリカの発展はなかったでしょう」と「力強く発言した」という[48]。

「貞永君を発見したことです」という言葉の力強い肯定感に、このとき池田がウィリアムスに託していた信頼の篤さがストレートに現れているだろう。

しかし、その後に続く「いろんなことをいう人が」いるとは、いったいどのような意味であるのか。あくまで推測にすぎないが、ウィリアムスが、ある種の情熱家というか感激家タイプであり、それとは知らずに御授戒を受けてしまったり、UCLAへの留学手続きの遅延などはすべてが彼の責任ではないにせよ、どこか迂闊なところがある人物像が浮かんでくるところに結びつくのかもしれない。

1975年の夏、ブルー・ハワイ・コンベンションは大成功裡に終了したが、遅くともこのときになると、池田のウィリアムスに対する評価は、すでに述べたように、かなりはっきりと厳しいものを含んでいた。

このとき池田は、日本において広布第二章へと大きく舵を切っていたが、自由と民主主義の本場であるアメリカ合衆国において、旧態依然とした「折伏大行進」時代さながらの流儀で指揮を執るウィリアムスに違和感を強くしていたのではないだろうか。

しかし、よく考えてみれば、ある種の皮肉なめぐり合わせに思いがおよぶ。つまり、ウィリアムスが日本で薫陶を受けたのは、まさに第二代会長戸田の時代であり、折伏大行進時代の創価学会のエートスが彼に深く染み入っていたとしても、それはまったく当然のことだろう。そして、池田が第三代会長に就任したときは、ウィリアムスはすでに日本を離れていたので、池田のリーダーシップのもと創価学会が成長し、成熟に向かうプロセスは間近に目にしていないという事情があったわけである。

そういうウィリアムスの胸中は、1985年に執筆された自著の中に記された、次のような一節にもうかがうことができるかもしれない。[49] つまり、「NSAは、日蓮正宗とも創価学会とも同じ宗旨を奉ずる教団であり、創価学会と本質を同じくする在家信徒の組織であり、法的には独立したアメリカの宗教法人である」と述べている。[50] このフレーズは、NSAは、創価学会の下部組織ではなく、創価学会と同一のレベルに存する同等の組織であるという主張として読解できるのではないだろうか。

NSAと創価学会が同レベルに位置しているというウィリアムスの言明には、以下で述べるような主張を含むことが推論できるはずである。その主張は、ウィリアムスが「随方毘尼《ずいほうびに》」について、かなり独自の解釈を施していることに端的に現れていて興味ふかい。

「随方毘尼」とは、創価学会が海外へと広宣流布を進める初期に頻繁に用いられたスローガンである。月水御書に、随方毘尼とは「少少仏教にたがふとも其の国の風俗に違うべからざるよし仏一つの戒を説き給えり」（御書：1202）とあるように、弘教にあたり「仏法の本義に違わない限り、各国・地域の風俗・習慣や、時代の風習に従うべき」という考え方である。

ところが、ウィリアムスは、「随方毘尼」をNSAの独自性・独立性の根拠として論じている。つまり、以下の引用の中で「現地主義」に注を付し、これが随方毘尼であると述べている。

創価学会は、組織としてのNSAを併呑するつもりもなければ、具体的な活動内容にリーダーシップを行使するつもりも全くなかった。第一、アメリカの具体的な活動の指揮を日本でとることなど、不可能でもある。創価学会は、NSAに、信仰上の体験を共有すべく、信仰の指導に協力しようとしていたにすぎない。日蓮仏法では、弘教の方式については、現地主義が最初から定められている。

（ウィリアムス 1989: 278）

現地主義＝随方毘尼は、NSA＝ウィリアムスに任せなさいという言明である。ウィリアムスが自信たっぷりに「アメリカの具体的な活動の指揮を日本でとることなど、不可能でもある」と記したのは1985年であったが、1976年秋に始まったフェイズ2による混乱がどのような展開をたどり、どのようにいちおうの収束を見たのか整理を続け、1980年代に到るNSAとウィリアムスの軌跡をたどっていくことにしよう。

第3章　波濤を越えて――アメリカと日本

1　大停滞

フェイズ2によって生じた混乱を収拾するために、日本から創価学会の幹部がアメリカを訪れ各地で指導を行った[1]。そして、それらの幹部の指導を受けて四者体制を確立することとした。NSAにおいてもすでにこれまでも四者の活動は行われていたが、それは各地の会館を中心に地域ごとに活動が実践されていただけで、全米をカバーした四者の組織化はなされていなかった。

それが1977年に、初代のNSA婦人部長にウィリアムス夫人、男子部長にジェリー・ホール、女子部長にマージ・モリモトが任命され、四者を全米組織化した。ウィリアムス夫人は日本人、ジェリー・ホールは元ヒッピーの白人、マージ・モリモトは日系アメリカ人である。壮年部長の任命がなかったのは、理事長のウィリアムスが直接指導するという含意があったと思われるが、このときの人事には、アメリカ広布の草創期を担った日本人功労者を排除する意図があったと考えられる。

しかしながら、このときの四者体制の確立は奏効しなかった。ウィリアムス自身が次のような苛立たしそうな記述を残している。

四者体制は、「第二章」(=フェイズ2—引用者注)路線には不向きであった。この路線は、組織として忙しく動き回ることよりも、個人的な信仰の深化や家庭の盤石な基礎固めを志向するものであった。したがって、(組織—引用者補)活動を機能的に強化しうる四者体制は失敗せざるを得なかったのだ。結局、二年半たらずで男子部、女子部は廃されることとなった。再び活動の機能的強化をめざして四者が結成されたのは、さらにそれから三年たった1982年のことであった。(ウィリアムス 1989: 283)

1980年代に入るとまた変化があり、それについては順を追って論じるが、フェイズ2の開始以降、NSAにおいて組織活動よりも個人の尊重や民主化が強く求められたとき、それに応えるのに四者体制の確立をもってするという試みが適切でなかったことは明白であるだろう。男女別・年齢階梯制からなる日本的で集団主義的な組織が、このとき本格的に導入されることになったのはまことに皮肉なめぐり合わせであった。

しかしながら、ここでNSA=SGIの名誉のために先回りして述べておくと、四者組織はこのしばらく後で、アメリカ合衆国社会の文脈において、日本では持ちえなかったきわめてポジティブな機能を発揮し始めるのである。しかし、それはもうしばらく先のことである。

1977年と78年はコンベンションが行われず、また全米総会も規模を大幅に縮小したことは先に述べたが、それはまた79年も続き、NSAでは弘教そのものがほとんど停止したかのような状況となった。日本においては創価学会が摂受を旨とする第二章路線を採った以降も着実な教勢の発展を見たのに対し、NSAにおいては「弘教の成果は、無きに等しい状態にまで、落ち込んだのであった。」（ウィリアムス 1989: 288）

1978年にはこの停滞状況に対処しようと組織体制が見直された。全米組織は、第一ウエスタン、第二ウエスタン、ノース・イースタン、サウス・イースタン、ミッド・ウエスタン、パシフィックの六方面（territory）で構成されるようになり。それぞれに新任の方面長が任命された。また翌年には、ノース・ウエスタンが加えられた七方面体制となり、これが80年代初頭まで継続することになる。しかしながら、この新体制もすぐに停滞を打破できたわけではなかった。

1979年は、フェイズ2路線がもっとも徹底された年であったという。機関紙の『ワールド・トリビューン』は組織的活動の記事を掲載しなくなっていたので、月例幹部会や最高執行会議の動向や、日本からの創価学会幹部の訪米なども報道されなくなっていた。日刊であった『ワールド・トリビューン』は、77年10月から月・木の週二日刊になっていたが[2]、記事は教学関連と池田会長の指導の翻訳が中心となり、その翌年以降も時事的な組織動向をリアルタイムで伝える報道は減少の一途をたどった。ある意味で『ワールド・トリビューン』は、新聞であることの意義を失っていた。

1979年6月、フェイズ2のさらなる推進のため、NSAは組織の再編を打ち出した。この再編は最高執行会議が了承したもので、このとき理事長の個人的リーダーシップは許容されなくなり、決定権は最高執行会議が掌握するところとなったという。

この79年の再編について、ウィリアムス理事長の非常に苦々しい思いがその著書の行間から浮かんでくるようだ。「この再編計画は、最高執行会議で了承されたものであったが、NSAの歴史上、もっとも屈辱的かつ後ろ向きの方針であった」。続けて、「再編計画の根底にあった真の目的は、容易に理解できるものであった。〝活動は各自がやりたいときにやりたいように！〟――これが「第二章」礼賛者の本音であった」と強い語調で述べられている。再編は、二通りの組織を簡略化する方向で実施された。そのいずれもで役職を減らし、メンバーの組織運営上の責任と負担を軽減することが目的だったという。ウィリアムスの著書によるとNSAの組織ヒエラルキーは「方面」「地域」「グループ」の三段階のみになり、方面の上は理事長も含まれる最高執行会議のみとなったという。（ウィリアムス 1989: 290-1）

このときの組織改編について、当時の『ワールド・トリビューン』や『聖教タイムス』などで調べたところでは、たしかにヒエラルキーのレベルは一段階減少したが、方面（territory）、本部（headquarter）、支部（chapter）、地区（district）の四段階となっている[3]。このときの組織改編についてウィリアムスが著書に記したのは1985年のことであるし、NSAは何度もめまぐるしく組織編成を見直している。したがって、このような食い違いが生じるのかもしれない。

組織の簡略化のもう一方は、既述のように、男子部と女子部の廃止であった。男子部と女子部を廃止し、NSAを男性部と女性部の二部体制にした。つまり、男子部と壮年部、女子部と婦人部を統合するものであった。

このとき実施された二様の組織の簡略化は、そのいずれもが役職者を減らすことで、組織活動の負担を軽減することにあった。入信まもないメンバーも早期に役職に就くことで、組織運営に多大なエネルギーや時間を割くことになって、信心が疎かになり、あるいは深まらない、そういう苦情が出ていたという状況が指摘されていたからである。

しかし、その結果は「NSAに致命的な打撃を与えることになった」という（ウィリアムス 1989: 291）。メンバーの負担を軽減しようとして、役職者を減らすことで組織活動に割く時間やコストを減少させようとしたのであったが、意図したところとは逆の結果が生じたのである。つまり、多くの意欲的なメンバーが役職を奪われる格好になり、新しい宗教運動に身を投じようとしていた青年たちの意欲がくじかれた。このような次第で、フェイズ2路線が徹底された1979年は、混乱と低迷がいっそう深まった。

転機は翌年の秋に訪れた。

いわゆる「第一次宗門事件」によって、1979年4月創価学会第三代会長を勇退し、名誉会長となった池田は、しばらく会員の前に姿を現すことがなかったが、翌年になると外遊を行う。秋には広布二十周年の節目にあたるアメリカ合衆国を訪問した。9月30日に成田を発ち、10月21日に帰国する旅程で、ハワイ・サンフランシスコ・ワシントンDC・シカゴ・ロサンゼルスなどの各地を訪れ、さまざまな行事に参加している（年譜 2011: 92-100）。

宗門からの圧力によって、会長を勇退した後も池田の行動は限定されていた。表立った会合に出席できず、聖教新聞紙上に登場することもはばかられたのである。この時期、会員への指導を禁じられていた池田は、会員を前にしてしばしばピアノ演奏をするようになった。言葉を口にすれば指導になってしまうが、ピアノ演奏によって言葉を介さずに、考えているところや心情を託そうとしたのだという(『池田大作とその時代』編纂委員会編 2011: 145)。

この時期の池田の活動は、外国から訪れた要人や文化人との会談、あるいは創価学会発足初期の功労者宅の訪問や、神奈川文化会館や立川文化会館など都心をはずれた文化会館を拠点とする集会への出席に限られていた。会長辞任後、「学会本部に私の指揮を執るべき席はなく、小さな管理室で執務を続けたこともあった」という状況におかれたのである(『池田大作とその時代』編纂委員会編 2014: 54)。

日本国内でいわゆる「反転攻勢」の狼煙を上げたのは、1981年12月の「大分指導」と翌年1月の「雪の秋田指導」からであったから、国外での活動ではあったが、1980年春の中国訪問(「第五次訪中」)と、その秋のアメリカ合衆国訪問が、第一次宗門事件後、池田が公式の場へ姿を現した最初であった[4]。そして、このときの池田の訪米によって、NSAは体制を整え、息を吹き返した。

もっとも、NSAも池田の来米を待っていただけではなかった。1980年3月にウィリアムスを団長として200名もの日米親善交流団が組織され訪日している。26日には神奈川文化会館でNSAメンバーの研修勤行会が開かれ、その席で池田はNSAの基本方針の転換に理解を示し、以下のように述べたという。

その大要は次のようであった。再び勇躍し広布の「開拓精神」を燃やし、米国の繁栄および米国民の幸福のために活躍することを期待している。NSAは理事長を中心に互いに尊敬しあい、団結して着実に前進することを望む。そして、メンバー同士はあくまで真心と誠実さで互いを練磨するようにという激励だった。この指導によって、NSAは新しい路線を採択することになったとウィリアムスは述べている。[5]

このころの状況をよく知る当時のある幹部は、78年か79年になると、ウィリアムスの次の理事長は誰なのかと考える者は少なくなかったという。しかし、日本では会長勇退という大きな出来事があり、時代が急激に変わるなかで、アメリカではもう一度、ウィリアムス理事長を中心に団結し組織固めをはかっていってほしいと、池田も考えたのではないかということである。それはまた、組織がギクシャクしているその最中に、新たにベストな人選を行うことが危ぶまれたということでもあったということである。

2 五十二年路線問題

ともあれ、神奈川文化会館での池田の指導は、すぐにNSAの人事に反映された。これまで一名だった副理事長ポストを増員し五名体制とすることになった。新たに任命された四名はいずれも日系二世であり、「言語的には、英語のほうが堪能であったが、同時に、日本的組織原理を斟酌できる能力を備えていた」とウィリアムスはコメントしている。

またこのときノース・イースタン方面長として、長くニューヨークで活動してきたディビッド・カサハラが起用された。カサハラは1936年生まれで、1964年に最初はミュージカル・ダンサーを目指しニューヨークに渡った経歴の日本人である。

この体制立て直しのための人事は、ウィリアムスが池田の指導に意を強くし、フェイズ2以前へ回帰しようとする意図にもとづいたものだった。ウィリアムスが、フェイズ2路線の徹底によって組織の瓦解がもっとも早くから進んだ、ニューヨークを中心とするノース・イースタン方面長に、以心伝心で通じる日本人を任命したのも、また英語を第一言語としているが「日本的組織原理を斟酌できる」日系人を起用したのも、そういう狙いが込められていたことは明らかである。

ウィリアムスは、池田の指導を承けて路線転換を行ったと述べているが、このとき池田は、必ずしもフェイズ2路線の撤回を支持したとは思えないし、それ以前へ復帰すべしと直接指示したとは考えられない。その理由は後述していくが、池田は、NSAが速やかに混乱を解消し、事態の収束をはかることを第一に希望したのだと思われる。フェイズ2期以降、最高執行会議と連絡を密にし、また日本から幹部を派遣するなどしてNSAの事態を見守ってきたにしても、この時期、池田にはアメリカの状況に十分な目配りをする余裕がなかったと思われる。そこで、NSAはまず状況の沈静化を優先し、しかるべき後に組織の再建を目指すべきだと、池田は考えたのではなかったろうか。

このころ、池田は多事多難な状況におかれていた。それには、1970年代の半ばころから、創価学会と宗門との間に軋轢が増してきたという事情があった。宗門である日蓮正宗から見れば信徒集団である「講」の一つにすぎない創価学会であるが、本山をすべての点で凌駕する、そういう形勢と状況が両者間に摩擦を生じさせていた。そして、緊張が一挙に高まったのは、1977（昭和52）年の年明け早々のことであった。

1月15日に、池田は関西戸田記念講堂で開催された第九回教学部大会において、「仏教史観を語る」と題し記念講演を行う[6]。そして、この講演が大問題を引き起こす。そこでの論点は多岐にわたるが、趣旨は明瞭である。要約すれば、宗門と創価学会、つまり僧俗は、日蓮教学、あるいは法華経に照らせば、上下関係にあるのではなく対等の立場に立って相支えながら、教えを世に広めるべきであるという主張である。このとき以来、宗門によって「五十二年路線」と呼ばれる事態に創価学会は進んだ。「仏教史観を語る」は、かなりストレートな表現で述べられている。つまり、僧俗の姿形の差は本質的ではなく、「大切なのは、あくまで出家の志であり、決意であり、修行の深さなのであり」、「現代において創価学会は、在家、出家の両方に通ずる役割を果たしていると」いえる。また、真の法師とは、「法華経を受持、読、誦、解説、書写する、つまり、五種の妙行を実践する者」であり、「在家、出家ともに、法華経受持の人は最高の供養を受ける資格があると」強調している（池田 1977b: 22-4）。

また、仏教の歴史を概観しながら、寺院や道場について考察をめぐらせ、創価学会の本部・会館と日蓮正宗の寺院のあり方について論及している。「寺院を別名『道場』というのは、その意味（修行者の集まる場所―引用者補）からであります。儀式だけを行い、我が身の研鑽もしない、大衆のなかへ入って布教するわけでもない既成の寺院の姿は、修行者の集まる場所でもなければ、ましてや道場であるわけは絶対にない」と断じ、そして、「寺院とは、このように、本来、仏道修行者がそこに集い、仏法を研鑽し、そこから布教へと向かうための道場、拠点であることは論をまちません。その本義からするならば、今日、創価学会の本部・会館、また研修所は…『近代における寺院』というべき」であると論じている。「もちろん日蓮正宗の寺院は、御授戒、葬儀、法事という重要な儀式を中心とした場」であるとも述べているが、こちらは補足的で、力点は明らかに創価学会の会館の今日的な重要性の強調にあったように思われる（池田1977b: 25-6）。

池田が、なぜこのような主張をとるようになったのか、ここにいたるまでに宗門と創価学会の間にどのような事情があったのだろうか。きわめて入り組んだ事情をごく簡潔に述べれば、それは以下のように概観できるだろう。

宗門を外護する信徒集団である創価学会は、戦後から高度経済成長期にかけ驚くほどの大成長を遂げる。創価学会の大発展は、それに支えられる宗門にも安定と発展をもたらした。創価学会初代会長の牧口常三郎が日蓮正宗に入信した昭和初期では、日蓮正宗の末寺はわずか50ヵ寺程度にすぎなかったという。それが、第二代会長となった戸田によって宗門への寺院の寄進が始められ、第三代会長に就任した池田によっても推進され、その数は1979年には238ヵ寺におよんだ。創価学会が日蓮正宗から「破門」され、最終的に袂を分かつ直前の1990年までには356ヵ寺にも達し、両者の決裂がなければ、創価学会はさらに約百ヵ寺の寄進を予定していた[7]。

すでに述べたが、1972年に建立された正本堂のみならず、早くは1958年3月の戸田城聖生前の最後の大事業であった本門大講堂も、また、その資材の吟味に会長就任まもない池田が世界各地を視察したエピソードも知られているが、1964年落慶の大客殿など、これら数次にわたる大伽藍の宗門への建立寄進は、その時代ごと創価学会が総力を挙げて行ってきた（朝日新聞アエラ編集部2000: 215）。これにくわえ、そもそも戦中から戦後にかけ疲弊した大石寺へ、大規模な境内地の寄進（現寺域117万坪の約九割）もあった（西山 1998: 116）。

宗門と共生的であった創価学会のあり方を指摘して、西山茂は「内棲型」新宗教と呼んだが、その意味は、「中核的な教義を共有しつつも、相対的に独自な性格をもつ既成教団内の」教団ということである（西山 1998: 114）。つまり、創価学会は日蓮正宗の教学をもとに、信仰の伝統性と正統性を主張する論拠を得たし、創価学会員が日蓮正宗寺院の檀家となることで葬儀や法事、さらには結婚式の導師を依頼し、とくに初期には墓所もその檀家となった寺院から提供を受けた。

要約すれば、創価学会は、宗門との連携によって、既成仏教教団が提供するのと遜色のない日本宗教の伝統に則った便益を学会員に与えることができ、宗門の側からすれば、創価学会から幾重にもわたる手厚い「外護」を得ることができたわけである。この共存の最良の時期は、今風な表現を借りれば、まさに win-win な関係にあった。

しかしながら、生物学的な共生関係がしばしばそうであるように、創価学会と宗門の共生関係も、終始緊張をはらんでいたと見るほうが実情に即していたと思われる。[8]「下部構造」においては創価学会へ依存せざるをえなかった宗門であったが、反対に、創価学会は、宗教シンボルの聖なる核心において、宗門抜きに存立することができないという事情があった。聖なる核心とは、２０１４年11月に「創価学会会則　第一章　第二条」の教義が改正されるまで、創価学会は「一閻浮提総与・三大秘法の大御本尊を信受」する仏意仏勅の教団であると定められていたが、[9]この大御本尊こそ、大石寺に安置される「日蓮大聖人御図顕の弘安二年の御本尊」であるとされていたからである（『聖教新聞』２０１４年11月８日三面）。

この、崇敬の焦点である聖なる象徴を宗門に負っているという事情こそ、西山が指摘した「内棲型」の内棲たる所以であったが[10]、そうであるがゆえに、宗門側に、抜きがたい優越感、つまり「出家の方が在家よりも上だ」という意識と態度をもたらしていたと考えられる。そして、この意識と態度は、しばしば宗教者としてふさわしくない振る舞いに帰着したという[11]。

おそらく1970年代の初頭ころまで、創価学会と宗門は融和的な関係にあり、両者は手を携えて発展してきた。それが最終的に、創価学会が宗門と袂を分かち、「魂の独立」を果たすのは「第二次宗門問題」を経ての1991年のことであったが、しかしながら、「五十二年路線」問題以降はもちろん、おそらく蜜月と思われていた時代にも、創価学会と宗門の緊張と摩擦は、通奏低音のように存在していたと見ることができそうである。

さて、ここまでアメリカから離れ日本の状況の描写を続けてきたが、もう一度、「仏教史観を語る」当時まで戻ろう。つまり、NSAがフェイズ2路線を採り、そのことで大きな混乱をきわめた、まさにそのとき太平洋を挟んだ日本において、創価学会と池田は別の非常に大きな困難に直面していたわけである。

先述したように、結局1979年4月に池田が会長を勇退することで「第一次宗門問題」はいちおうの収拾を見るが、宗門の圧力によって困難な状況は続き、池田は表立った活動はできなかった。つまり、NSAが迷走をきわめるとき、池田はアメリカやNSAに目配りし対処する余裕がなかったはずである。実際、アメリカ訪問も、1975年夏のブルー・ハワイ・コンベンション以来、1980年秋まで行っていない。80年秋の池田訪米に先立って3月にNSAの訪問団が日本を訪れ、池田の指導を承け、フェイズ2による混乱を乗り越えようと新人事を行ったことも述べたが、NSAの体制立て直しが軌道に乗るのは、9月からの池田の訪米による直接の指導がきっかけとなった。

そして、池田にとっても、この1980年の訪米が、海外においてのことであったが、会長勇退後再び直接会員の前に姿を現す最初となった。しかし、重要なのはただそれだけでなく、NSAにとって、そしてさらに池田と創価学会、またSGIにとっても、80年代から90年代へかけて、その活動の基本型を見出すきっかけになったと考えられる点が特筆すべきだと思われる。

3 シカゴとカプチャー・ザ・スピリット

シカゴ訪問は、1980年秋の池田の訪米の重要な焦点となった。そのとき（10月12日）開催されたシカゴ文化祭（Capture the Spirit：カプチャー・ザ・スピリット）は、いくつかの意味で非常に興味深い[12]。一つには、それがこの翌年シカゴから開始されることになった「世界平和文化祭」の原型となったことである。「世界平和文化祭」（後に「世界青年平和文化祭」）は[13]、80年代から90年代末にかけて、この時代の創価学会とSGIを顕著に特徴づけるイベントだったということができる。

世界青年平和文化祭は、巨大なスタジアムなどを会場に、一糸乱れぬ人文字やマスゲーム、あるいは「五段円塔」でよく知られている組体操を披露したりして、全組織の団結力を発揚する機会として、若い世代の学会員を結集する、他に代替のない活動の場となっていった。この時代の青年部員たちは、一年の行事暦の中心に世界青年平和文化祭を据え、本番の檜舞台に向けてエネルギーを傾注し、組織活動のなかで深い充実感を経験していったのである。まさにその原型の一つが「カプチャー・ザ・スピリット」であったと考えられる。

その当時、長くシカゴで活動してきたリチャード・ササキはミッド・ウエスタン方面長であったが、なんとしても「池田先生に激励していただきたかった」のだと言う[14]。その理由は、フェイズ2によってNSAが低迷をきわめているということもあったと思われるが、シカゴには後述するような別の切実な事情があった。

シカゴは、じつはフェイズ2による混乱は少なかったが、混乱がほとんど生じなかったのはハワイであったという。ハワイでは日本人メンバーの割合が高く、フェイズ2期に提起された論点に一定の共感は集まりつつも、同時に日本人的な感性が随所に発揮されることで、自然に日本的文化伝統を斟酌して、アメリカ人メンバーとの間に生じる摩擦を吸収することができたということである。このような次第で、ハワイでは四者体制も揺らがなかったという。

シカゴも、ハワイと似た状況にあった。シカゴのNSAはアメリカ化のスピードが遅かった。つまり、1970年にはNSA全体ではメンバーに占める日本人の割合は3割にまで減少していたが、シカゴでは1980年代の終わりになっても、日本人が約半数を占めていたという。

それでも、シカゴの青年メンバーのなかには、ロサンゼルスで影響を受けて帰って来た者もいたが、ロサンゼルスやニューヨークのように、日本文化は一切不要であるというような極端な主張がなされることはなかった。ササキによれば、シカゴでは「(広布初期の功労者の)ポールさんがアメリカ人メンバーを説得したこともあって、会館から池田先生の写真を外したりすることはなかった」。

シカゴが揺らぐことが少なかったのは、たんに日本人の割合が高かったからというだけでなく、その背景にシカゴ広布の先駆けとなったツヤコさんとポールさんのリーブマン夫妻の格別の献身的な働きがあったことが知られている。ツヤコさんは、1960年の池田会長初訪米のとき、10月8日にシカゴ・ミッドウェー空港において一行を出迎えたメンバーの一人であるが、ツヤコさんとポールさんは手を携えて、シカゴにこの信仰を根付かせるため尽力した（口絵写真5参照）。

リーブマン夫妻の足跡をたどりながら、NSAとシカゴの関わりを概観しよう[15]。そこには、アメリカ合衆国における日蓮仏法の定着を知るための、非常に重要なポイントが指し示されていると思われる。

ツヤコさんは、1926年母の実家のある山梨県で出生した。戦前戦中、浅草で製靴工場を経営する父の事業は、軍靴の需要もあり順調で、恵まれた少女時代を送ったが、戦火が激しくなり東京が空襲され母と弟を失う。ツヤコさんは、1953年折伏され、翌年御本尊を受けるが、それは、母と弟の命を奪った戦争をこの世からなくしたいという、何よりも世界平和を願う気持ちからであった。平和を希求する思いは、戸田の有名な豊島公会堂で行われた金曜の御書講義の講筵に連なるうちに、さらにいっそう強くなったという。

戦後、丸の内で生命保険会社に勤務していたとき、同じビルに入っていた米石油メジャー会社に派遣されていたエンジニアのポールさんと知り合う。エレベーターで出会い、見初められたのである。ポールさんは母に手紙を書きツヤコさんとの結婚の許可を得て、横浜のカトリック教会で式を挙げ、結婚後一年あまりして1955年シカゴに戻る。

ポールさんの母は熱心なカトリックであったが、ポールさんはあまり熱心ではなかったので、ツヤコさんが「私、この信心（日蓮仏法）は素晴らしいから、ずーっと続けてやっていきますけど、ＯＫでしょう？」と尋ねると、「それは、あなた次第だから」と受け入れてもらえた。

それで次に、「あなたが、朝晩三遍、南無妙法蓮華経と、私の御本尊に向かって唱えてくれたら、本当に嬉しい」と言うと、ポールさんは"I do it for you!"と答えてくれた。「自分は信じるわけじゃないけど」、"I do it for you!"つまり、「あなたのために、やってあげる。」と言って、朝晩ちゃんと題目を唱えてくれたという。

半世紀以上も前のこの時代、日本では妻が独自に信仰をもつことに反対する夫は少なくなかったと思われる。それが、アメリカでは"I do it for you!"と言って、夫が妻に寄り添う姿がとても新鮮で印象的である。同じ家族や夫婦といっても、太平洋を挟んで向こうとこちら側では、愛情表現というか、夫婦関係やそのあり方、そして宗教に対する態度もずいぶん違っていたことが偲ばれ感慨深い。

きちんと題目をあげるようになると、ポールさんにもちゃんとその功徳が出たという。会社で難しい実験をしていたとき、南無妙法蓮華経と唱えると、とうてい一回ではできないと思われた実験がスパッと上手くいくという顕著な功徳だったという。

このような功徳を実感したこともあってか、ポールさんは、ツヤコさんが折伏や激励にあっちこっち行くとき、快く車の運転を引き受けるようになっていった。ウィークデイはシカゴの北から南まで、週末はミシガン、ケンタッキー、セントルイス、カンサスシティ、さらにはニューオーリンズに到るまで、アメリカ合衆国中西部を深々と、地方指導、家庭訪問、折伏に夫妻は邁進したという。

ポールさんは、１９６０年の池田会長のシカゴ滞在中、自分の１９６０年型の白いフォードを駆って運転手役を務めている。このとき間近に池田会長に接し、ポールさんは「会長の厳粛な姿に深い感銘を受け」、自らの信心を本格化させることになったという。

ツヤコさんは女学校時代、すでに英語の授業はなくなっていたので、英語を勉強する機会がなかった。それで、毎日英単語を二つずつ覚えることにした。その成果もありシカゴに来たとき少しは分かったが、本格的には折伏と激励を通し英語をマスターしたのだという。ポールさんには苦心して日蓮の教えや池田の言葉を一生懸命説明したりしながら、またその次には、ポールさんがアメリカ人に信心を説明する様子を見聞きしながら、次第次第に英語を身につけていった。

1960年に池田会長が訪米の際、創価学会を紹介する"The Soka Gakkai"が編まれたことは第1章6節ですでに述べたが、それまで布教に使える英語媒体は非常に少なかった。その間、リーブマン夫妻がまさに日米の架け橋となって弘教したことは特筆に値する。池田の初訪米によってシカゴで地区が結成されたが、ツヤコさんはこのとき地区部長に任命されている。

翌年の1961年にシカゴ支部が結成されると、ツヤコさんはその初代の支部長にも任命され、さらにその翌年ポールさんは支部顧問となっている。ポールさんのような、白人で教育があり、また大会社のエンジニアという威信の高い職業に従事し、そして、父方のドイツ系の出自もあってか非常に謹厳実直な人柄のアメリカ人がキイパーソンとなることで、シカゴ広布はフェイズ2期も堅固であったということができるだろう。

1968年にシカゴに会館（Chicago Community Center）が設けられたが、それはリーブマン夫妻の自宅だった。1972年になると、その夫妻の家から徒歩数分のところに独立したシカゴ会館[16]がオープンする。それはユダヤ教の元シナゴーグだった建物であり、私たちが訪れた2008年には韓国人のキリスト教会となっていて、この付近の住民構成の変化を反映しているのが、いかにもシカゴ的な都市状況を物語っている。

1983年にはシカゴ・サウス会館（Chicago South Community Center）が新たにオープンする（Chappell 2000: 316）。アフリカ系アメリカ人メンバーが増加し、彼らの多くが市の南部に居住しているためである。その翌年に、シカゴ会館は市の中心部に近いところに、すなわち南に移転し、シカゴ文化会館（Chicago Culture Center）[17]としてオープンしている。

さらに、1995年にシカゴ文化会館は現在地のシカゴの中心部「ループ」[18]の南に移転しているが、じつは、シカゴにおいては広布の進展とともに、会館が南へ、南へと移転したことが、非常に重要な意味をもっているのである。

ニューヨーク、ロサンゼルスに次いで、アメリカ合衆国第三番目の大都市であるシカゴは、人口はこのところ減少気味で三百万人を切ったが、その三分の一強が白人で、ほぼ同数のアフリカ系の人びとが居住している。ヒスパニック系住民は2割強、アジア系は5％ほどと少ない。合衆国全体では、白人が72・4％、アフリカ系が12・6％であるから、[19]シカゴは白人の比率が低く、アフリカ系の比率が高く、多民族集団状況が非常に顕著であることが指摘できる。

この民族別人口構成は、今日およそ5千人強のシカゴのSGIのメンバーにも反映されていて、役職者を見ると（それは一般メンバーの比率を反映していると考えられるが）、およそ半数の46・9％がアフリカ系であり、白人系の35％、日本人の16・3％と比べると、アフリカ系がかなり高い比率を占めていることが分かる。ちなみに他都市では、アフリカ系の比率は、ワシントンが30・7％、ニューヨークが30・3％、ロサンゼルスが22・1％、サンフランシスコが17・2％、ボストンが13・3％となっていて、他のどの都市よりもシカゴのアフリカ系の役職者の比率が高く、そして抜きん出ていることが分かる（Chappell 2000: 315）。

シカゴは別名 'The City of Neighborhood'、つまり「近隣の街」と称される。その意味合いは陰翳を帯びているが、多くの民族集団が近隣に混住して、シカゴという都市を形成していることを描写するキーワードとなっている。シカゴには今日も多くのエスニック・タウンが存在していて、新旧のチャイナタウンにコリアンタウン、ユダヤ人街、人口としてはポーランド系やドイツ人、ギリシア人も少なくない。最近ではイスラム系住民も増加しているのは、ハラール食料品店やアラブ系住民の衣料品店も目にすることが多いことからも分かる。

しかしながら、これら多くのエスニック・グループは、空間的には近接して居住しながらも、実際、和気あいあいと交際しているのでもなければ、互いに深い交流もほとんどなく、日常生活では接点も希薄な毎日を送っているといったほうが現実に近い。このような状況を指して、セグリゲーション(segregation)、つまり分離・隔離という言葉も用いられる。

エスニシティにくわえ、階層的な多様性と分離が、シカゴでは目に「見える」景観を形づくっているのである。１９２０年代以降、アメリカ社会学をリードした一つの中心がシカゴ学派であったが、それはまさに、このシカゴという都市そのものをテキストとして読み解くところから勃興したことが、シカゴを訪れて、目からウロコが落ちるように強く実感できた。

さて、話題を1980年のシカゴと「カプチャー・ザ・スピリット」まで戻そう。

1980年にはシカゴ会館は、まだ元シナゴークの会館であり、ループの北にあった。その南東10キロちょっとのところには、メジャーリーグ球団のカブズの本拠地であるリグレー・フィールドがある。[20]ループの北側を車で走っていると住戸の窓辺にカブズを応援する小旗が飾られているのをしばしば目にする。ループの北に多く住む白人系の住民は、圧倒的にカブズのファンなのである。

野球に詳しい方なら、もう一つシカゴにフランチャイズするメジャーリーグ球団があることをご存知だろう。ホワイトソックスである。ホワイトソックスの本拠地であるU・S・セルラー・フィールドは、じつは、1995年に移転した現在のシカゴ文化会館の南へわずか四キロほどのところなのである。

つまり、シカゴのSGIの会館は、広布の礎がおかれて以来、一貫して南へ、南へと移動してきた。この事実は、シンプルな事実にすぎないが、シカゴ広布は年月を重ねるにつれアフリカ系住民への弘教が進展したことを雄弁に物語っているのであり、それは同時に、シカゴでの弘教が常に大きな困難に直面しつつ進められてきたことも意味している。

シカゴでは、二十世紀に入って以降、都市問題・貧困問題と民族問題が輻輳し、大きな社会問題となってきた。山谷はあったが、これら一連の問題を解きほぐすのが常に大きな困難な政治課題となってきた。そういう社会的背景のなかでシカゴでの弘教は進んだが、NSAにとっても、シカゴにあっては一貫して民族問題にどう取り組むかが非常に大きなテーマであり続けてきた。

このシカゴに顕著な社会問題は、じつはアメリカ広布の初期から意識されてきたことが、池田のシカゴ初訪問の際のエピソードとして、リンカーン・パークでの出来事がしばしば採り上げられることからも分かる。リンカーン・パークは、リグレー・フィールドの南、ループの北のミシガン湖岸の広大な公園であるが、[21] シカゴ到着の翌朝、リーブマン夫妻に案内されて、池田はリンカーン・パークを散策した。そのとき、アフリカ系アメリカ人の少年がある差別的な扱いを受けた光景を目にし、奴隷解放宣言を行った大統領の名が冠された公園での出来事に心を痛めたことが、『新・人間革命』第一巻（池田 2003）で描かれている。

『新・人間革命』第一巻では、リンカーン・パークでの出来事に続いて、ローザ・パークスの抗議に端を発したバス・ボイコット運動、そして公民権運動の端緒が紹介されている。これが執筆されたのは、リンカーン・パークでの見聞そのものからだいぶ隔たった時期であるが、シカゴでは民族差別が焦眉の社会問題であること、またアメリカ合衆国における民族問題が非常に重大であることを池田が実感するきっかけとして、シカゴ初訪問の際の見聞があったことが理解できるようだ。

ともあれ、１９８０年当時のそのような社会状況のなかで、「カプチャー・ザ・スピリット」は、本当にシカゴ住民の心の交流をともなう「近隣の街」を達成しようとする、そういう試みとして産み出された。その実現に向けて、１９８０年5月3日からシカゴで唱題会が始められたという。ササキが尽力し、「先生を呼びたい。先生に励ましていただきたいので、そのための舞台を演出してもらいたい」と、スペイン出身の舞台芸術家でメンバーのパスカル氏に依頼したという。パスカル夫人も当時プリマドンナとして活躍していた高名な人であったので、夫妻に舞台の企画と演出・出演が委ねられた。

5月に唱題会を始めた時点では「まだ先生が来られるかどうか分からなかったけど、8月24日にリハーサルを行うことにした。リハーサルに向けて練習を開始した」。そのリハーサルに、ササキはウィリアムスを招いた。リハーサルを見て、ウィリアムスは大感激したのだという。「先生の写真を掲げて、先生に見てもらう」と思ってリハーサルをしていたが、ウィリアムスは「先生への思いが、皆んなの中にある」と感激し、ホテルから直接、池田に電話したのだという。すると、「池田先生も、万難を排して行こう」と決断したのだという。

結局、この機を捉えたかのように、ウィリアムスは、コンベンションや文化祭、あるいはストリート折伏など組織を挙げての大量動員型の組織活動に復帰し、旧来の路線へ回帰することになったのであったが、1980年のシカゴにおいてはそれが奏功するのである。

4 カプチャー・ザ・スピリットから世界青年平和文化祭へ

1980年3月の方針転換もあり、10月に「カプチャー・ザ・スピリット」が開催されることになったが、シカゴが開催地に選ばれた理由は、すでに述べたようにフェイズ2による混乱の打撃が少なかったという事情も小さくなかった。

混乱がもっとも大きかったのは、ニューヨークを中心とするノース・イースタン方面とロサンゼルスやサンフランシスコなど西海岸地方の都市部であったが、シカゴを含むミッド・ウエスタン方面は組織の形態とメンバーの団結が比較的保たれていたという。それは先述のように、リーブマン夫妻のような功労者の献身と日本人比率の高さがあってのことだと考えてよいだろう。

全米のNSA組織的観点からシカゴが「カプチャー・ザ・スピリット」の開催地に選ばれたが、70年代に数々の大コンベンションを行ってきたウィリアムスの目には、その規模など物足りないところがあった（ウィリアムス 1989: 296）。しかし、ウィリアムスが集団的組織活動に託した意図は、この時代、民族問題に苦しむシカゴの住民に一筋の光明を投げかけたといってよい。それはどのような事情によるものか、順を追って述べていこう。

「カプチャー・ザ・スピリット」の後、1981年からNSAコンベンションは復活していく。1982年にはワシントンDCで総勢一万人のパレード "Washington DC Rally" が実施され、この後も80年代後半まで再び大コンベンション時代が再来する。結局ウィリアムス時代は、コンベンションに終始したといってよいだろうが、しかし、それはなぜなのか。彼はどのような意図をコンベンションや文化祭に込めていたのだろうかを考察してみたい。以下はウィリアムスの弁であるが、その理由が素直に述べられていて非常に興味深い。


NSA文化祭の著しい特色は、それが全員参加を合言葉として運営されているところにある。演技する者は舞台の上で活躍し、演技を演出する役員、進行部門の役員、会場担当の役員は、それぞれの部署で責任を果たす。婦人部の中には、会館で衣装を縫製するメンバーもいる。そして、観客もまた、文化祭に参加する。演技者と一体になって文化祭を盛り上げるだけでなく、この観客は、準備期間中、メンバーの送迎や夜食の手配などいろいろなところで応援をする支援部隊を構成している。一言でいえば、ＮＳＡの文化祭は、「組織の総力戦」なのである。この特色を理解すれば、文化祭が大成功に終わることが、直接ＮＳＡの組織の充実につながることも首肯されるであろう。（ウィリアムス 1989: 303）

引用の行間から浮かび上がってくるのは、ウィリアムスが文化祭やコンベンション、あるいは大量動員型の弘教に託したところであるが、まさに戸田時代の折伏大行進のエートスと符合するだろう。「組織の総力戦」という言葉づかいそのものが、ウィリアムスが薫陶を受けた時代の創価学会の精神を象徴しているといってよいかもしれない。そして、この点が、フェイズ２時代になると個人主義と民主主義にそぐわないとして、アメリカ人メンバーから批判されたのであった。

しかし、民族集団分断状況に苦しむ１９８０年のシカゴにおいて、地域住民が「全員参加を合言葉として運営されている」ようなイベントは存在しなかった。シカゴにおけるアフリカ系住民の比率の高さと多民族的住民構成についてはすでに指摘したが、これら多様な背景をもつ住民が一堂に会する機会は、きわめて稀だったのである。「近隣の街」シカゴの住民は、容易に「全員参加を合言葉」とすることもできなかったし、「組織の総力戦」というような言葉づかいはともあれ、民族を越えた連帯や団結は望むべくもなかったのである。

それが、「カプチャー・ザ・スピリット」では、目に見えるかたちで「近隣の街」シカゴにおける「異体同心」の可能性を示すことができたのである。十三世紀日本・熱原ならぬ二十世紀シカゴの住民についても「異体同心なれば万事を成し同体異心なれば諸事叶う事なし」（御書：1463）という御書の訓えは、（おそらく日蓮その人が想定した時空を超えて）シカゴの住民を導く希望の指針となりえたのである。

異体同心という考えは、「皆が一緒になることが求められ、異なる民族でも一つの目的に向かって進んでいくのです。それは（シカゴ住民の―引用者補）私たちにとって、連鎖的に効果があります。つまり、いっせいに（民族が）違う人たちが同じ作業をする中で学ぶことができるのは、皆同じなんだ、人間として共通なんだ、怖れとか、苦しみとか、あるいは幸せとかは、皆だれも同じように感じるんだということを学ぶことができる。だから自分は、それを通して、白人に対する偏見をもたないようになれた」とは、シカゴの古くからのアフリカ系メンバーの言葉である。

じつは、「カプチャー・ザ・スピリット」やコンベンションだけでなく、ある種の「意図せざる結果」[23]、あるいは「意図を超えた結果」（による潜在的順機能）を招来したのは、四者組織においても非常に顕著なものがある（もっとも「意図せざる結果」とか「意図を超えた結果」などと言うと、ウィリアムス理事長に礼を失することになるのかもしれない。それこそ意図したところであるのだと）。順序立ててその事情を述べよう。

四者組織は、フェイズ2によって生じた組織の混乱を収拾しようとして1977年に全米規模で組織化されたが、上手くいかなかったことはすでに述べた。それは、個人の尊重や組織の民主化が求められたときに、男女別・世代別の集団主義的再編を施行するという、まるで向かうべき方向と反対側へ舵を切るような改革を行ったからであった。

それが1982年3月になると、男子部と女子部が再結成される。またこれに先立って、1980

年秋の池田訪米のころから、フェイズ2の進展とともに組織の役職から遠ざけられた草創期から活躍した日本人婦人たちが、しだいに要職に返り咲きつつあったが[24]、四者組織はこの再結成以降、しだいに活動の実を上げNSAに定着する。

1982年に男子部長に就任したのは、先に紹介したササキであった。女子部長もまた日本人であった。1977年に男子部長と女子部長に就任したのは、アメリカ人と英語が母語の日系アメリカ人であったから、このときの人選はどちらかというと日本回帰的であった。このような人事にどのような狙いがあったのか、推測も交じるがその理由は次のように考えることができそうである。

1980年3月の日本での研修会と、さらにはその秋の池田訪米によって、ウィリアムスがコンベンションを軸とするような旧来の路線への復帰が認められたことによって、フェイズ2以降の日本文化排除や日本人幹部排斥が行き過ぎだと考えられるようになり、再度日本人婦人たちが要職へ起用されたのだと思われる。1977年の全米男子部・女子部の創設は、「正義感と情熱のあり余る若者だけの組織」となってしまい、上手く機能しなかった。その「混乱を整理すべく、まず組織の未熟性を認め、その上で信仰に厚い人びとを組織の要職に返り咲かせた」とウィリアムスは記している（ウィリアムス 1989: 298）。

もう一点、ササキの男子部長への登用は、このとき青年部長や壮年部長の任命はなかったので、この男子部長というポストが非常に重要であったと考えられるが、そこにササキが起用されたわけである。これは、「カプチャー・ザ・スピリット」がNSAにとって起死回生の一打となったことが、ササキの業績として高く評価されたからと想像できそうである。

つまり、シカゴはもともとNSAの組織基盤がしっかりとしていたので、フェイズ2による後退は少なかった。しかしながら、民族集団間の軋轢が深刻な問題であったのであるが、「組織の総力戦」である「カプチャー・ザ・スピリット」がNSAメンバー間に団結をもたらした。すると、その成功がウィリアムスとNSAに自信を回復させたのだと思われる。

四者組織も、再結成以降、しだいに定着していく。婦人部長・青年部長・男子部長・女子部長がそろって任命されるのは後の1989年のことであるが、男女別・世代別の集団組織原理が、その組織原理ゆえに民族分離状況を超える、（つまり、エスニシティ別に集団化しない＝さまざまなエスニシティが混じる集団化を促す）新たな連帯を産み出すことが明示的に意識され、強調されるようになるのである。

このような次第で、1980年10月の池田訪米の時期が、NSAにとってフェイズ2以降の低迷を脱する転換期となったのである。

さらにまた、創価学会の会長を退いた池田にとっても、このときのアメリカ訪問は新たな非常に大きな意味があり、また転機となったと思われる。一つには、ここまで縷々述べてきた「カプチャー・ザ・スピリット」の重要性であり、その意義を高く評価したがゆえに、早くも翌年6月、第一回世界平和文化祭として同じシカゴで、いっそう拡大されて挙行されたのだろう[25]。「カプチャー・ザ・スピリット」にすぐ引き続いて開催されたアメリカ広布二十周年記念シカゴ総会での挨拶において、池田は、これからのアメリカ広布における教学の重要性を強調し、将来の指針を示している。

なぜ教学が必要なのか、という課題について、きょうは静かに語りあい、確認しあいたいと思う。

…（中略）…

宗教には必ず教義がある。教義がないものは、真実の宗教ではない。またその教義がどれほど深く、道理に合致しているかによって、宗教の優劣を比較することができる。日蓮大聖人の本門寿量《ほんもんじゅりょう》文底秘沈《もんていひちん》の大法こそが、最高にすぐれ、一切の人類を救いうる宗教であるということは、教学を深めれば深めるほど明確になってくるのである。

…（中略）…

多くの人が我見におちいることなく、御書に照らして正しい信心を深めていくために、教学が必要になるといってよい。したがって教学は、信心の確信を強め、広宣流布を正しく志向していくためにある。

アメリカSGI[26]もこれからは、多くの学者や科学者等にも仏法を知らしめる時代に入ったといってよい。…理路整然とした大仏法の教学を身に体したリーダーが、数多く要請される時代に入っているとみたい。（池田 2008: 81-2）

池田は、今後アメリカで必要なのは教学であることを強調したが（つまり、これまでのアメリカ広布において、教学研鑽が十分でなかったと指摘し、将来の課題を示したと捉えることができる）、しかしこの指摘は、このときはウィリアムスとNSAの路線には反映されなかった。このとき直接に影響が大きかったのは、同時に池田が行った、翌年にシカゴで世界平和文化祭を開催するようにとの提案であり、これはすぐに実現したわけである（年譜 2011: 96-7）。

池田は「カプチャー・ザ・スピリット」の何に触発され、なぜ世界平和文化祭の開催を提案したのだろうか。歴史をかいつまんで概観しながら考えてみたい。

創価学会は戦後の早い時期から、最初は体育大会であった青年部主体の「若人の祭典」を開催してきた。第一回目は「世紀の祭典」と銘打って１９５４年にスタートしている。１９５７年９月、横浜の三ツ沢競技場で行われた第四回目の東日本体育大会「若人の祭典」の開会式において、戸田第二代会長が「原水爆禁止宣言」を発表したことはよく知られている。

「文化」の名が冠せられるのは、１９６３年開催の第一回関西文化祭あたりからであるが、１９６７年開催の東京文化祭（東京・国立競技場）からは、規模が拡大するとともに絢爛豪華なイベントとして営まれた。４万２千人による動く人文字や人間壁画、伝統の男子部組み体操など、スタンドとフィールドいっぱいに躍動する演技が、５千人の来賓と10万人の観衆を驚かせたという。

７０年代に入ると文化祭は日本各地で頻繁に行われたが、とくに１９７６年にはその回数が一挙に増えて、じつに28回もの文化祭が全国で実施されている。７７年には４回、７８年には６回が行われている。この時期が「五二年路線問題」の前後にあたることが注意されるべきであろう。

７０年代に入ると創価学会が成熟期に達したことは、すでに述べたとおりである。会員数では７５０万世帯を越え、「完成期」に入ったことが、会長の池田によって宣せられた。この時期の創価大学の開学、正本堂の完成、広布第二章の開始などについてもすでに述べたとおりである。ところが、７

7年になると宗門との関係が緊張し、結局79年には池田の会長勇退という事態に帰着する。つまり、70年代の中後期、創価学会は危機に直面していたということができるだろう。

そのような状況下、文化祭は非常に頻繁に開催されたことが分かる。文化祭は、「完成期」に入りながら間もなく危機に直面した創価学会が、会員の結束を確認し団結をはかる機会として、非常に重要な機能を担ったのである。また、文化祭が最初は青年部の体育大会から始まったことを紹介したが、文化祭は若い世代の会員のエネルギーを受け止める、他に代替のきかない組織活動の媒体となった点も指摘できるだろう。

1978年8月に「'78新潟県文化祭」が開催され、しばらく中断があって、1981年6月にシカゴで「第一回世界平和文化祭」が行われた。前年秋の「カプチャー・ザ・スピリット」参観後、池田がすぐに「世界平和文化祭」の開催を提唱したことを紹介したが、池田はそのとき、おそらく「危機」に対処する方策として文化祭のポテンシャルを再認識したからではないだろうか。

日本には存在しないような民族集団間の深刻な葛藤に苦しむシカゴにおいても、異体同心の可能性を垣間見させる「カプチャー・ザ・スピリット」が、池田の胸中に創価学会伝統の文化祭を呼び起こし、その拡大版としての「世界」平和文化祭の着想を得させたのではないだろうか。

それは、創価学会の会長を退いた池田であったが、SGI会長としては健在であり、今度はSGI会長として世界広布の指揮を執ろうという決意が、心中に芽生えていたことと呼応し、その思いが世界平和文化祭の構想につながったと考えることができるかもしれない。

すでに述べたとおり、SGIは1975年1月にグアム島において世界51ヵ国・地域の158人の代表の合意によって発足していたが、ただちに活発な活動を開始したのではなかった。コンスタントな活動が開始されたのは、1980年秋、第一回SGI総会がロサンゼルスにおいて、48ヵ国・地域から1万5千人の出席者と来賓300人を集め開催されて以降である。「カプチャー・ザ・スピリット」の五日後のことである。

5 第一回SGI総会開催

1980年秋のアメリカ訪問においては、池田がSGI会長として行った活動が目立っている。SGIの結成以来このときまで、池田の詳細な年譜（年譜 2005・2011）にも「SGI」の名はほとんど認められないが、10月16日にはサンタモニカにおいて「SGI親善代表者会議」が行われ、翌日は「第一回SGI総会」が開催され、また18日にはマリブ研修センターにおいて「第一回SGI総会記念交友会」も行われている。

80年秋の旅程の最初の訪問先であったホノルルで開催された「アメリカ広布二十周年記念ハワイ総会」の席上で、池田は「来年に予定される第二回SGI総会は、この地で開催することに内定した」と述べているので（池田 2008: 68）、SGI総会を定期的に開催することは、会長勇退後の路線として、すでにこのときには方針として定められていたことが分かる。

SGI総会は、第一回がロサンゼルスで開催されると、その後、80年代以降、二十一世紀に入ってからも創価学会とSGIの基軸行事として継続する。おそらく1991年に宗門と袂を分かってから、その重要性はいっそう増したのだと思われる[27]。

80年代以降は、一つにはSGI総会、そしてもう一つは世界平和（青年）文化祭が、第一次宗門問題から第二次宗門問題を経て、そして「魂の独立」へ向かう創価学会が結束を保持し、SGIとしてアイデンティティを確立するために、決定的に重要な組織イベントとなったのだと思われる[28]。

1980年秋の池田訪米がNSAに与えた影響は非常に大きかった。そのとき池田とウィリアムスは同じ方向を向いていたように見えたが、しかしながら、どうやら二人が見つめていたものは、別のものであったと考えたほうがよさそうである。

先述のように、池田は会長勇退後の難局にあって、どのように創価学会を維持し発展させるのかという切迫した課題に直面していたはずである。そして、そのときSGIという組織とSGI会長というタイトルがきわめて重要な意味をもって浮かび上がってきたのではないかと指摘した。

ウィリアムスには、フェイズ2によって生じた眼前の混乱を収拾したいという思いが最優先の課題であった。しかし、彼は旧来の路線に復帰する以外のヴィジョンを欠いていた。なぜなら、彼にとっての広布とは組織活動への挺身、つまりコンベンションと折伏に邁進すること以外のオプションが思い浮かばなかったからである。

したがって、池田が第一回SGI総会の前日に開催されたSGI親善代表者会議において、以下のように述べた真意が、ウィリアムスに届いたとは思えない。

創価学会は、日蓮大聖人の仏法を根底として、平和、文化、教育を志向し、推進してきた。その結果、皆さん方の最大の努力によって御本尊を信受する人が、世界の九十数ヵ国におよんでいることをご報告しておきたい。

世界各国のＳＧＩメンバーは、あくまでも御本尊を根本に、その国、その市民のためにつくしている。その国の文化・風俗や法律を尊重しながら、よき市民として貢献してきている。今後ともその行き方に変わりはない。

それぞれの国の活動に主体性があるのは当然である。ただし、日蓮大聖人の一閻浮提《いちえんぶだい》の大仏法は世界平和、全人類の救済という大目的がある。私どもは、同じ大聖人の子供として、門下として、また地涌の眷属として、すべて平等であり、民族を超え、国境を越えて、平和を願う一大源泉となる勢力である。その私どもがたがいに交流し、横と横の連帯を強めつつ前進することは、世界平和への心情の発露であり、昇華であるといってよい。（池田 2008: 85）

池田は、このときまでに世界九十数ヵ国・地域にメンバーを擁するＳＧＩは、御本尊を根本として日蓮大聖人の大仏法に則って世界平和と人類救済を目的とする連帯を進めていると述べると同時に、あくまでもその国、その市民のためにつくし、その国の文化、風俗、法律を尊重し、よき市民として貢献すべしと強調している。それはまさに「随方毘尼」の原理に従うということであり、市民社会のモラルと違わぬ常識人であることを要請している。

つまり、ＮＳＡが位置するアメリカ合衆国においては、自由主義を旨とし個人が尊重され、政府や国家のみならず組織体が民主的に運営されるべきことが社会規範として課せられるのであるから、Ｎ

SAもまた当然それに従うべきだというメッセージとなっているだろう。

ところが、ウィリアムスの琴線に触れ、そして彼が即座に反応し行動に移したのは、この翌日の第一回SGI総会の席上での池田の挨拶に対してであったと思われる[29]。「世界広布へ力強い第一歩」と題されたその一節に、ウィリアムスはおそらく我が意を得たりと膝を打ったのではないだろうか。

今までのコンベンション、文化祭等は、まことに立派な路線であった。それは信心を根本にして、このアメリカ社会に大きな認識をあたえたからである。これからもアメリカ広布という信心の飛躍のために、おおいに文化祭、総会を催してほしい。そして、アメリカの人々に大きな希望をあたえていただければ、と思う。（池田 2008: 86）

「これからも……おおいに文化祭、総会を催してほしい」という、池田のコンベンション路線への手放しの礼賛ともとれるこの一節が、フェイズ2の開始以来、晴れることのなかったウィリアムスの心の暗雲を一掃したのであろう。そして、自信を取り戻したウィリアムスによって、先述のようにこの翌年以降、1990年2月に至るまで、コンベンションの復活と大量折伏への再傾倒が出来した。NSAの80年代は、70年代の再来となった。強い言葉で言い換えれば、ウィリアムスはフェイズ2の精神から学ぶことができなかった。したがって70年代の失敗を80年代も繰り返すことになったのである。

第一回SGI総会での池田の挨拶は、一見したところでは、70年代のコンベンション路線を全面的に肯定し支持しているようにとれるが、このときの訪米での池田の一連の発言を精査してみると、決してそうではないことが浮かび上がってくる。
すでに前日のSGI親善代表者会議での挨拶については紹介したが、第一回SGI総会の翌々日に行われたNSAの代表幹事らと懇親会では「正道の信心には組織が必要」と題して、次のように述べている。

私どもの世界も大きくなると必ずエゴから組織を利用し、破壊しようとする人が出てくるものである。しかし、広宣流布のための組織は絶対に守らなくてはならない。

…（中略）…

われわれの世界は信心の世界である。だから正しい信心であるか、えせ信心であるかが問題になる。ともかく元品の無明を断ち切る利剣は信心しかない。信なき悪友に決して自身の正道の信心をふみにじられてはならない。そのためにも一つの次元として組織が必要になってくるのである。

妙法という法のもとにある組織とはいえ、凡夫である人間の集まりであるから、善の面と悪の面とがあるかもしれない。しかし、信行学を追求し、深め、拡大していくためには、どうしてもたがいに励ましあう組織が必要になってくる。とくに建設期においてはそうである。現に組織がなかったなら、今のわれわれの信心はなかったかもしれない。

組織があったがゆえに、信心を知り、教学を学び、折伏も実践した。それは、組織の偉大な善の面といってよい。その半面、組織悪の面は、皆で話しあい、是正し、進歩させていく方途をつねに

考え、努力すべきである。決して、悪の面のみをみて組織否定を即断すべきものではない。（池田2008: 87-8）

池田は、NSAにおいてフェイズ2路線がなぜ生じ、またそれが何を問うたのか、日本にありながら微細に観察し客観的に分析しているように思われる。

つまり、アメリカ合衆国において広布を進めることができたのは、何よりも組織を確立できたことにあるとその重要性を指摘するとともに、信行学を追求するための基盤として組織の必要性を再確認している。

しかし、凡夫である人間が集まり作り上げる組織は、ときに誤るものである。組織悪という側面が不可避的に生じることも同時に看破している。これは、一般論として述べられているのではなく、この言辞が述べられた文脈を考えれば、このときまでのNSAについて直言しているのである。

しかしながら、だからといって、古い諺を用いれば、産湯のタライの湯と一緒に赤子まで流すような愚は避けるべきだと、19日の「正道の信心には組織が必要」では強調している。

NSAの歩みに誤りが生じたことも率直に指摘しながら、同時に、NSAという組織がなければ、アメリカ広布は今までもそうだったし、またこれからも進展はありえないと述べ、フェイズ2路線の行き過ぎに言及し、「皆で話しあい、是正し、進歩させていく方途をつねに考え、努力」してゆこうと呼びかけている。

おそらく池田は、フェイズ2の精神がアメリカ合衆国社会の価値規範と合致することを尊重するがゆえに、16日のSGI親善代表者会議におけるような発言をし、また他方では、フェイズ2の行き過ぎも批判したのであったろう。

16日、17日、そして19日の三日間にわたる池田の発言を吟味してみると、「今までのコンベンション、文化祭等は、まことに立派な路線であった」という言葉は、無前提でコンベンションを賞賛するものでなかったことがよく理解できるはずである。

つまり池田は、1980年秋、「カプチャー・ザ・スピリット」によってコンベンションや文化祭を通じての組織活動のポテンシャルの高さを再確認し、81年以降、NSAのみならず創価学会、そしてSGIの活動の一つの軸としていこうと考えたと思われるが、その意図は、あくまで組織の維持と団結に資する方便、あるいは「化城」であるという認識と評価があったはずである。そして、そういう認識と評価は、遅くとも1975年夏の「ブルー・ハワイ・コンベンション」の閉幕のときには示されていたことはすでに紹介した（池田 2010: 196-7）。

ところが、ウィリアムスは、75年以降も、また80年以降も、コンベンションや他の根こそぎ動員型の活動についての、池田の認識や評価が結局理解できなかったのだと思われる。だから、「今までのコンベンション、文化祭等は、まことに立派な路線であった」、「おおいに文化祭、総会を催してほしい」という言葉だけが、いつも都合よく彼の耳に飛び込んでいったのである。

ともあれ、このような次第でコンベンションは復活し、ウィリアムスも蘇生した。1980年秋以降、そしてさらには翌年6月の第一回世界平和文化祭の開催の後、NSAは昔日の折伏路線に復し、その勢いをすっかり取り戻すことになる。

80年代初のウィリアムス体制の再起動を、このときのNSAのある副理事長は、「アメリカ（NSAのこと—筆者注）はこれからファナティックをやっていくんだ。でも、やらなきゃいけないんだ」とシニカルに語ったという。この言葉は陰影に富んでいて、一意的な解釈が難しいところがあるが、おそらく、フェイズ2以降の暗雲を払い、NSAが前進するために、今はまだアメリカにおいては、やはりウィリアムス理事長によるコンベンションと大量折伏路線以外には選択肢がないという、幾分かは嘆息も混じるコメントであったように思われる。

またこのコメントには、日本においては宗門問題を振り切り、新しい時代を切り拓くために、SGI総会と世界青年平和文化祭を前面に押し出し、SGIの基軸として創価学会を駆動していく、そういう新しい展開にアメリカのNSAも連なるのだというヴィジョンも込められていたかもしれない。

6 気高く、王者のごとく

すでに何度も指摘したように、1980年秋の池田のアメリカ訪問は、NSAと創価学会にとって大きな転換点となった。その意味は、日本における創価学会とアメリカのNSAにおいて異なるところがあったが、このときが80年以降、「SGI」が全面に押し出される路線へのターニングポイントとなっていった。

その1980年の池田アメリカ訪問のクライマックスは、やはり「カプチャー・ザ・スピリット」であったと思われる。1980年秋のシカゴを回顧すると、創価学会とSGI、そしてNSAが歴史の十字路上で交差したような光景が浮かび上がってくるかもしれない。

アケミ・ベイリー・ヘイニーは、２０１３年9月に全米婦人部長に任命された。アケミとその家族の歩みは、「カプチャー・ザ・スピリット」の意義を一身に体現したような軌跡を描いている。[30] シカゴに縁の深い彼女の人生をたどるとき、アメリカ合衆国に根付いた日蓮仏法の姿を鮮明に描くことができるようである。

アケミの母、サチコは幼い日から苦労の絶えない生活を送ったが、14歳のとき広島で被爆し、おばを始め17人の近親者を失った。この経験によって、サチコは小さな胸に平和の尊さを深く刻んだという。

戦後、看護師になって神戸で病院に勤務していたとき、朝鮮戦争に従軍し傷を負った米軍兵士の入院患者のルロイ・ベイリーと知り合った。まだ20歳であったが、ルロイに毎日のように求婚され、周囲には反対されたが、結婚を決意した。

１９５２年、アメリカ合衆国深南部のルロイの故郷に住むことになったが、そこでアフリカ系住民に対する深刻な差別を経験した。英語はほとんど分からなかったが、初めて覚えた単語は、ＫＫＫや暴徒（mob）、リンチなどという言葉だったという。

インディアナ州ゲーリーに引っ越した後、[31] 7人の子供たちに恵まれたが、生活の困難と悩みは尽きなかった。ルロイは学歴がなかったのでフルタイムの仕事に就けず、その鬱憤を酒やギャンブルにぶつけた。家族は経済的に困窮したばかりか、ルロイの家庭内暴力に脅える毎日を送っていた。そんなとき、ある日本人女性から創価学会と「南無妙法蓮華経」を紹介されたのである。

サチコは自分が哀れで、日本に帰りたくて仕方なかったが、「南無妙法蓮華経」と唱え続ければどんな困難にも打ち克つことができると聞いて、7人の子供たちのためにアメリカで耐え忍んでみようと思った。そうすることで、聞いたことが本当かどうか試してみることにしたのである。それは1965年7月のことで、彼女はこのとき御本尊を受持している。

信心を始めた後すぐに生活や家庭の状況が好転したのではなかったが、気持ちが変わったのだという。他者に対する思いやりや同情の念が湧き、ルロイの苦悩もよく理解できるようになったのだという。そうすると不思議なことに、自分自身を哀れに思う気持ちが消えていた。

娘のアケミは、その当時の自分自身や家族に起こった変化をよく覚えている。母の変化にくわえ、アケミのなかでは何より、自己肯定感が得られたことが大きかった。

家では父の虐待に苦しんでいたが、学校も辛かった。黒人の子供からはアジア人であると名指され、白人の子供からは黒人であると嫌われた。耳慣れない「アケミ」という日本名も、いじめの素となった。だから、教室で教師から名前を呼ばれても、いつも消えてしまいたい気持ちで机に突っ伏すばかりだった。それが変わることができたという。

NSAのメンバーと一緒に過ごすうちに、しだいに自分が受け入れられていると感じられるようになった。メンバーへの信頼とメンバーからの信頼が実感できるようになると、この経験が自己肯定感につながったのだという。しだいに教室でも教師の呼びかけに、「はい」と自信をもって答えることができるようになり、自分が「アケミ・ベイリー」であることが誇らしく感じられるようになったのである。

さて、1980年当時、アケミは二十代の初めになっていた。最初は信心に反対するばかりであった父のルロイも、題目を唱え始めて五年ほど経っていたが、この年に「カプチャー・ザ・スピリット」が開催された。アケミは、三人ずつの兄と姉の七人きょうだいの末っ子であったが、当時この七人でルロイのプロモートによって、"Takata"という名前のモータウン・スタイルのバンドを結成していた。まるで「シュープリームス」と「ジャクソン5」を足し合わせて2で割ったような写真が残されている。[32]

じつは"Takata"は、「カプチャー・ザ・スピリット」の舞台に立ち、シカゴを訪れた池田の前で演奏を披露している。そして、このときの経験がサチコの一家にとって、運命を変えるターニングポイントになったのであるという。

"Takata"は、アメリカ中西部を縦断するかのようにミシガンからテネシーにかけて、ナイトクラブを回って演奏を行い、一家の生活費を稼ぎ出していた。しかしながら、そういう生活はその代償に、子供たちを「あらゆる種類の悪徳」にさらすことになったのだという。息子たちは、十代のころから酒を飲み、ドラッグを使った。

そのような生活を送っていた最中でもあったから、1980年秋、アケミは、池田に間近に会えて非常に嬉しかったが、じつは「顔で笑って、心で泣いていた」のであった。なぜなら、このときアケミは、自分たちの境遇（circumstances）を恥じていたのであると述べている。

ここで、この「境遇」という言葉に、アメリカ合衆国の社会的現実が刻印されていることを忘れてはならないだろう。つまり、アケミは、民族や学歴によって帰属する階層の大要が決まってしまう現実と、それに抗うことが難しい、そういう「宿命」を負っている自分たちを恥じていたから、師匠と仰ぐ池田に会っても心の底から明るく微笑むことができなかった。

ところが、そういうアケミたちに思いもかけぬ事態が訪れた。演奏を終えたアケミたちに、池田からすぐに一編の詩が届けられたのである。[33] それは、次のように綴られていた。

Royal children,
Sing proudly
Your mother's song

アケミは、この詩にとても深く感動したのであったが、同時に非常に困惑した。なぜなら、池田がどうして自分たちのことを〝royal children〟と呼ぶのか、まったく理解できなかったという。「たしかに私たちは、何ものかではあったろうけど、絶対に〝royal〟ではありえなかった」とアケミは述懐している。

しかしながら、しばらく経つにつれ、しだいに池田がその言葉に込めた思いが分かってきたのであるという。「先生は、私たちの内なる生命力を目覚めさせようと、全魂を傾けて励ましてくださったのだ」と気がついて、心の底から〝royal〟でありたいと思うようになったのだという。池田が言う〝royal〟とは、決して王侯貴族ということではなく、誰からも敬われ、また信頼される、そういう人であるということが理解できるようになったのだという。

これが、１９８０年の秋シカゴで、アケミとその家族が経験した貴重な人生のターニングポイントなのである。

「カプチャー・ザ・スピリット」での経験をスタートラインとして、その後のアケミは、常に御本尊に向かって祈り、信心根本に、困難を糧に生きる姿勢を貫いてきたという。苦労して大学に入るとコミュニケーション学を専攻し、卒業後はソーシャル・サービスに従事し、またさらにその後は、雇用主のサポートも得て大学院でも学び、修士号と博士号も取得している。

アケミは、これまでに１６２人に御本尊を受持させた。そういうアケミの何よりの喜びは、悩みがあってこの信心に結ばれた人たちが、困難に打ち克ち幸せになっていく姿を見るときであるという。だから「いつもこの仏法を皆と分かち合うことで、私自身の信心がよりいっそう強盛なものになってきた」のだという。

７　北半球一周と「立正安世界」

ＮＳＡの８０年代が、再びコンベンションと大量折伏へと回帰したことはすでに述べた。それには背景として、日本において創価学会が８０年代、ＳＧＩと世界青年平和文化祭などを前面に打ち出して組織の求心力を高め[34]、臨界点が迫り来る宗門との緊張に備えたという事情があったと思われる。つまり、ウィリアムスが旧来の路線を復活させることができたのは、そういう日本の事情に積極的に便乗した、あるいは「隙」をついた、ということができるかもしれない。

80年代、池田はたびたびアメリカを訪れている。その折々の訪問の中心となった目的は様々であったが、この時期池田が、NSAとアメリカの事情を非常に気にかけていたことが訪米の頻度からだけでも読み取ることができそうである。

1980年秋の訪米が、ブルー・ハワイ・コンベンション以来、五年ぶりであったことはすでに述べたが、翌1981年には、1月、2月から3月、6月から7月、そして8月に訪米している。つまり、池田はこの年だけでアメリカを四度も訪れている。

その後80年代は、84年2月から3月、85年7月、87年2月と三回の訪米を重ねた。池田は1960年10月の初訪米以来、1996年6月~7月のロサンゼルス・デンバー・ニューヨーク・エルパソ・テキサス訪問に至るまで、二七回にわたってアメリカ合衆国を訪れている。年譜(2011)を通覧すると80年代の九回にわたる訪米は集中しているが、ことに81年の四回は際立っている。

1981年、このとき53歳であった池田は、ただアメリカを四回訪問したのでなく、驚くほど過酷なスケジュールの外遊を重ねた。1月13日から28日までホノルル・ロサンゼルスを訪問し、2月15日から3月12日まで北・中米訪問として、マイアミから足を伸ばしパナマ・メキシコを訪れた。その帰路にはホノルルから大阪に降り立つと、20日に東京に戻るまで大阪各地で指導を行っている。

そして、5月9日から7月8日までは、ソ連・欧州・北米の各地を訪れている。ゆうに二ヵ月間にもわたる長い旅程であった。74年初訪問のソ連には三度目となり、政府要人との会談や文化人との交流を行うなどした。引き続き、西ドイツ、ブルガリヤ、オーストリア、イタリア、フランス、そして、さらに大西洋を渡って、ニューヨークに舞い降り、次いでトロント、シカゴ(第一回世界平和文化祭に出席）、ロサンゼルスを歴訪し、六十一日間にわたる日程を終え帰国した。

この「北半球一周」の意義について、池田は後年述懐し、会長辞任を余儀なくされ日本国内の活動も制限されたが、それであるならば「世界から日本を励まそう」と決心したとはっきり述べている。


「立正安国」は今でいえば「立正安世界」である。

世界平和のための行動を引きとめる権利が、だれにあるのか！

自分たちのちっぽけな嫉妬と利害とで、私の足を引っ張って、何になるのか！

しかし、世界の平和のことなど、彼らには何の関心もなかった。[35]

自分たち＝彼ら、とは宗門のことである。会長を辞任してから二年が経過し、このとき池田の心の中に「反転攻勢」の火種が点ったのかもしれない。その火種とは「日本の会長はやめたが、SGIの会長として動くことまで、邪魔させはしない」という決意であったから、世界から日本を励ますとは、SGIとしての活動を全面に押し出すという戦略であり、それは、その年正月に創刊されたグラフ『SGI』の編集方針に明記されたように「仏法を基調とする平和・文化・教育」の尊重という姿勢を明確に打ち出すことになった。

また、このときの池田の世界各地への訪問は、それぞれの地におけるSGIの発展にとって時代を画する大きな出来事となった。アメリカの場合でいえば、シカゴで初めて開催された世界平和文化祭が重要であるが、その意義についてはすでに述べたところである。

シカゴに先立って訪れたニューヨークで、池田は、即興詩「我が愛するアメリカの地湧の若人に贈る」を発表した。[36] この長編詩は、今日ＳＧＩ－ＵＳＡのニューヨーク文化会館の一階ホールの壁面に刻まれている。その詩句から、１９８１年に池田が、アメリカのメンバーに託した心情が看取できる。

アメリカの青年よ！
今こそ
絶対の平和と文化の
社会への雄叫びを
勇敢に続けながら
一歩また一歩
一段また一段と
世界の人々の夢見んとして来たりし
愛すべき自由の天地アメリカの
確かなる歓喜と繁栄と
清新なる人間愛を
今　再び
断固として
構築していかねばならない（池田 2008: 146）

「今　再び／断固として／構築していかねばならない」という連の結びに込められた意味は、この長編詩が紡がれるまでの数年来の、池田と創価学会の、そしてＮＳＡのたどった困難が折り重なった道程を思い起こすことなしには理解できないだろう。

君達よ！
未来に生きゆく若き君達よ！
意見の違いがあったとしても
確かなる目的の一点だけは
忘れずに進みゆく君達よ！
今日も学べ
今日も動け
今日も働け
そして今日も一歩意義ある前進を
明日もまた一歩朗らかな前進を
尊極なる妙法と日々冥合しながら
社会の泥沼の中に咲く
蓮華の花の如く

自己の尊き完成の坂を
汗をふきながら上りゆくのだ

信仰とは
何ものも恐れぬことだ
何ものにも紛動されぬことだ
何ものをも乗り越える力だ
何ものをも解決していく源泉だ
何ものにも勝ち乗り越えていく
痛快なる人生行路のエンジンだ（池田 2008: 149-50）

「意見の違いがあったとしても／確かなる目的の一点だけは／忘れずに進みゆく君達よ！」という呼びかけには、まさにフェイズ2による混乱を乗り越えて一回り成長した、ＮＳＡの次世代を中心となって担っていくであろう若者たちに寄せる、池田の大きな期待が息づいているようだ。「信仰とは／何ものも恐れぬことだ」に続く章句からは、フェイズ2のような危機もまた信心によってしか克服できないことが力強く確認されているだろう。

そして、この長編詩の最終連は、以下のように結ばれる。

私は広布への行動の一切を
諸君に託したのだ
一切の後継を信ずるがゆえに
今　世界のすみずみを歩みゆくのだ
君達が
小さき道より
大いなる道を創りゆくことを
私は信ずる
ゆえに
私は楽しく幸せだ（池田 2008: 152）

1981年の「今」、「世界のすみずみを歩みゆく」池田にとって、「広布への行動の一切を」託したと述べている「諸君」は、決してアメリカの若人たちだけに限られていたのではなかった。このとき歴訪した世界各地で広布の胎動や息吹、あるいはその進展が実感できたことが、長編詩の最終行をゆったりとした幸福感で満たしているのだろう。

アメリカの場合であれば、「私は楽しく幸せだ」という、その理由は、六十一日間の世界広布の旅の最後に、7月5日に行われたサンタモニカでのNSAの合同会議の席上での「〝次の20年〟へ万全の前進」という挨拶のなかで、平易な言葉でパラフレーズされていると思われる。それは、フェイズ

2による大停滞を脱するための明快な処方箋として述べられている。

ともあれアメリカSGI[37]は、本格的な信心と組織と人材の再構築をする段階に入ったと思う。そこで、各部の代表が集い、月に1、2回定期的に合同会議を開催していくという、全体の合意にもとづく協議体制を敷いたらどうか。

日本も会長を中心として、的確な合議制のもとに、各部が緊密に連係をとりつつ、総合的に呼吸を一致させながら運営している。と同じく、アメリカも多数の合意を得ながら、深く、広く、大きな前進をはかっていくべきであろう。

当然のことながら婦人部、女子部の意見をおおいに参考にすべきである。またよくがんばった人をほめたたえてあげることを忘れてはならない。また、合同会議等においては、目的のためにおおいに意見を交わすことは当然である。とともに、ひとたび合意で決まったことに対しては、全員でその推進に全力をあげていただきたい。（池田 2008: 156）

池田は、アメリカの組織において欠けていたものが何であったのか、分かりやすい言葉で具体的に指摘している。合議制、あるいは協議体制が欠落していたのだという厳しい指摘である。また、女性の意見が尊重されるべきだとの指摘には、そうでなかった実態があったことが推測できるだろう。

幹部や職員は、世界文化センターや各方面の会場に集うメンバーに対しては、心からあたたかく迎えるべきである。皆の会館であるからだ。悩める人の信心の依所として、すべての人々が〝心から安心できる〟というあたたかい雰囲気をつくっていくべきである。決して官僚的になってはならない。

広布の機関紙である「ワールド・トリビューン」は、皆で愛読しながら、広げ宣揚し、大切にしていくべきである。機関紙は、すべての「信心」と「広布」の推進力であり、伝播であり、その教団の生命力であるからだ。（池田 2008: 157）

ここでも池田は、日本の創価学会のあり方を基本型として再確認している。会館の意義は、昭和五十二年路線として宗門から問題視された「仏教史観を語る」のなかでも、「本音」としてストレートに強調されていたし、また、宗教教団における、新聞（機関紙）の重要性は、戸田の教えとして池田のなかにしっかりと相承された〝DNA〟である。これら二点は、池田にとって宗教組織の要となる必須の二大要素であると捉えられていて、アメリカにおいても遵守すべきであると述べられているのである[38]。

また、「決して官僚的になってはならない」という指摘も、池田が組織の運営原理を説くときに長年にわたって繰り返す肝要なポイントなのである。その指摘は以下のように続いている。

役職の上下にかかわらず、すべてのメンバーがたがいに信頼し、理解し、つつみあいながら進んでいただきたい。ここに仏法の仏法たるゆえんがあるからだ。

幹部はつねに率先して仏道修行していくとの自覚を忘れず、包容力をもっていただきたい。すぐに善悪をきめつけ、排除していくことはまことに愚かなことである。

われわれはおたがいに仏様の子どもである。尊い使命のある人である。信心のことで、またその人を思う心で、親が子をしかるようにする場合があるであろうが、決して感情でしかってはならない。

ただ、包容力があればよいとして放置しておけば、傲慢になったり、組織を撹乱したり、法を下げたりするような場合がある。そうした行為があった場合は、信心の眼を開かせるために指導しなければならないことは当然である。これらの立て分けを賢明に判断していっていただきたい。

「なぜ」という問いの重要性を、幹部は忘れてはならない。いずれの行為においても、その「問い」に明確な「解答」がなければ、人々は心からの納得もできないし、また大切なる目標への行進も鈍ってしまうからだ。とくに欧米の思考法として帰納法的論理を無視できないからである。

形式主義だけでは愚かである。ささいな形式を重んずるあまり、メンバーに窮屈な思いをさせてはならない。たがいに伸びのびと自由に活動し、生活し、人生をエンジョイしながら信心の成長をはかっていただきたい。

われわれ学会の使命である広布の大精神を継承していくことの重要さ、大切さは当然の理といってよい。

その原則のうえに立ってアメリカはアメリカらしい伝統を築き、たがいに討議と試行錯誤をかさ

ねながら、理想的な運営、会合等のあり方をつみあげていっていただきたい。（池田 2008: 157-8）

このときサンタモニカにおいて池田が述べた内容を、これ以上、一つ一つ取り上げて吟味しないが、この挨拶が述べられた時期や状況を考えると、それらが何を想定して述べられたのか、すでに何度も指摘したように明らかであると思われる。

8「魂の独立」

1981年は、NSAにとっても大きな区切りとなったが、池田と創価学会にとっても第一次宗門問題以来の転機の始まりとなった。時系列的に出来事を整理すると、5月から7月の池田のヨーロッパと北米訪問の日程の中で第一回世界平和文化祭が開催され、アメリカで五番目となる正宗寺院の妙行寺（シカゴ）が落慶している。[39] 8月には第二回SGI総会がホノルルにおいて開催され、これ以降毎年継続してSGI総会が行われるようになった。すでに指摘したように、この後、世界（青年）平和文化祭とSGI（総会）路線が定着していった。

じつは、7月中旬になって転機の呼び水となる出来事が生じた。池田が「北半球一周」から戻った直後、池田を継いで第四代会長に就任していた北条浩が急逝してしまう。副会長の秋谷栄之助が第五代会長に就くが、名誉会長の池田が、再び、創価学会の「すべてを守り支えていかなければならない」立場に復権することになったのである（『聖教新聞』1982年2月9日一面）。これは大きな出来事ではあったが、それでもこの時期の創価学会は、おおむね宗門と宥和的な路線を継続していた。

１９８１年の年末から年明けにかけて、池田の地方指導によって大分や秋田など地方から、いわゆる「反転攻勢」の狼煙が上がったが、その後も創価学会は昭和五十二年路線への反省を保っていた。宗門との関係が一時軟化したことは、１９８４年正月に池田が法華講総講頭に復任したことにも明らかであったが、[40] その年３月には大石寺開創七百年（１９９０年）を記念するために、新たに寺院二百ヵ寺を建立し宗門に寄進することが発願されたことに端的に表れていた。[41]

このときの発願は、池田が法華講総講頭に復任させてもらったことへの返礼の意味があったが、「それ以上に、以後、創価学会側に多少のことがあっても宗門が苦情を言えない雰囲気づくりに役立った」という。「そして、その直後から、宗門に対する創価学会の態度に変化が現れ」たのであるという（西山 1998: 124-5）。

西山茂は、１９８５年の初頭から創価学会の宗門への「再度の挑戦」が開始されたのであるという。そして、「再度の挑戦」から１９９１年11月の「破門」までに、次のような四段階があったと指摘している。

つまり、（一）昭和五十二年路線の用語復活期（１９８５・８６年）、（二）黙示的な権威権力批判期（１９８７・８８年）、（三）対決準備期（１９８９年１月から９０年６月まで）、そして（四）明示的な宗門批判期（１９９０年７月から９１年11月まで）の四段階であるという。以下、西山に従って概観してみよう。

（一）この時期、昭和五十二年路線で試みられた在家主義的な宗教様式への革新を、創立六十周年にあたる1990年までのこの五年間で必ず成し遂げることが、やや婉曲な表現であったが打ち出された。盆彼岸の寺院への参詣や塔婆供養に代わって、日常信行こそが肝要であると強調され、かつて問題となった「民衆仏法」や「信心の血脈」などの用語が、再び聖教新聞などに登場するようになった。

（二）この時期は、いっそう昭和五十二年路線の復活がすすめられ、例えば、三代会長を範とする「師弟」直結や、学会もまた「和合僧」の団体であることなど、特徴的な用語で強調されることになった。また、従来は「謗法」とされていた盆踊りや夏祭りなどの地域の伝統行事や祭礼への参加も認められるようになった。しかし、この時期のもっとも大きな特徴は、池田が「黙示的に」宗門の法主や僧侶の批判を行うようになったことであると西山は指摘している。それは、例えばこの当時すでに衛星配信されていた本部幹部会などでのスピーチのなかで、ときに表情や身振り手振りをもって示されたという。

（三）この段階になると、来るべき「第二次宗創戦争」に備えた準備態勢の確立が目指されたという。たしかに、1989年正月に池田が聖教新聞に寄せた、「法難に　また法難の　幾歳《いくとせ》か／大聖《たいせい》しのびて　新春迎えむ」という新年の歌には、ある種の決意が満ちていたと充分解釈できるだろう（年譜 2011: 685）。またこの時期は、創価学会の登山方針の変更（日帰り登山の励行）によって、宗門経済への影響（宿泊者減少・丑寅勤行参加者の減少）が宗門の不満を募らせ、また逆に、宗門による塔婆供養料や冥加料の倍額への値上げなどに、創価学会側も不満を強めたという。この段階になると、このような経済的利害の対立も顕著になっていった。

（四）第二次宗門問題、あるいは「第二次宗創戦争」が発火したのは、1990年7月のことであった。7月3日付（戸田城聖の出獄記念日）の聖教新聞社説は、「『民主の時代へ』」、歴史的な大潮流の中で迎えた7月3日。民衆の団結が勝つのか、それとも権力の策謀が勝つのか」と述べ、このとき明示的な宗門批判を行う決断がなされていたことがうかがわれる（西山 1998: 128-9）。7月17日に開かれた宗門と学会の連絡会議の席上で、秋谷会長が「本日は宗門に対して、日頃思っていることを言わせていただく」として（西山 1998: 128）、僧侶の生活が派手になっていることを指摘し、綱紀粛正を申し入れたという。また、池田名誉会長が大石寺に日顕法主を訪ねた際、法主が寺院寄進の進捗状況の遅れを難じたことなど、実務的な問題がふさわしくない場へ持ち出されたとして学会側が苦言を呈した。翌18日には、日顕法主は、「創価学会分離作戦」（池田名誉会長を追放し、学会員を檀徒化させる作戦）の名称を「C作戦（Cut の頭文字）」と命名し、7月決行を頑強に主張したというが、前日の学会との連絡会議でも指摘された宗門僧侶の腐敗堕落という不安材料があり、僧侶側の綱紀自粛を固めたうえで攻撃に転ずべしとの意見が出され、結論は持ち越されたという。しかし、日顕法主は、池田名誉会長を懲罰含みで追及することを決定し、21日に池田名誉会長・秋谷会長と面談した折、17日の秋谷会長の発言をめぐって、「法主の発言を封じた。驕慢だ！驕慢謗法だ！」と大声で怒鳴り、名誉会長の池田に対しても、「あんたにも言っておきたいことがある。懲罰にかけるから！」と恫喝したという。8月になると、日顕法主は創価学会に対抗していくために綱紀自粛が必要であることを訴え、宗門は「末寺僧侶・寺族の綱紀・自粛に関する基準」を発表した。ところが、すぐ翌日に、日顕法主は自らが通達したばかりの綱紀自粛を破り、伊豆長岡の超高級旅館で豪遊したことが発覚する（年譜 2011: 883）。これ以降、「第二次宗創戦争」は半ば公然化するが、９０年秋になると、大石寺開創七百年慶祝記念文化祭や同慶讃大法要が行われたので、いったん小休止した。

しかしながら、完全に沙汰止みとなったわけではなかった。池田は、慶讃大法要の本会（10月13日）において祝辞を述べているが、そのなかで「多くのいわゆる伽藍《がらん》仏教が、自宗の権威と権力におぼれて、信徒を小バカにし、民衆を見くだし、軽視してきたがゆえに、その活力も発展もなくなっていったことは、周知《しゅうち》の歴史的事実であります」と述べたという（『聖教新聞』１９９０年10月14日二面）。西山は、これを「間接的ではあるが誰にも分かるかたちで、公然と宗門批判を行った」とコメントしているが、決して「間接的」であったとは思えない。慶讃大法要の本会における祝辞に織り込まれた文言であることを考えれば、それは宣戦布告にも似た響きをもったのではないだろうか。

これ以降の第二次宗門問題の詳細は、本稿のテーマから離れていくので概略にとどめるが、最終的に１９９１年の終わりまでに両者の決裂は決定的なものとなる。１９９１年に入ると、宗門は、学会からの脱会者を直属の信徒として積極的に受け入れることを決定したり、SGI以外の海外信徒組織を認めないという従来の方針を一方的に廃止する通告を行い、海外で檀徒づくりを試みた。６月になると四十年間におよんだ月例登山会が終了した。１９５２年10月４日の第一回開始以来、延べ７千万人が参加したという（年譜 2011: 885）。

また、重要なことは、この年より戒名・僧侶抜きの「学会葬」「友人葬」（４月以降）が開始され、盆彼岸の精霊回向は塔婆を立てず、学会の会館で行われるようになったことがある（7月）。西山茂は、この時点で「革新の程度は一挙に「第一次宗創戦争」当時の水準を超えるにいたった」とコメントしている。

11月28日付の宗門からの「破門通告書」が、翌29日に創価学会本部に到着したが、それには、いまや創価学会は「大謗法団体」と化したので、以後、日連正宗とは無関係とする旨が記されていた（西山 1998: 132）。

それに対し、創価学会は秋谷会長らが記者会見し、この「破門通告」によって学会が何ら影響を受けることはないこと、さらにまた、宗門の画策を破折し、学会は今後とも日蓮仏法の正統として前進していくと述べた。

11月30日には「創価ルネサンス大勝利記念幹部会」が開催され、池田は、学会にこそ大聖人の仏法の正統があると語り、「破門通告」のあった11月28日を「魂の〝独立記念日〟」として位置づけた。

池田は、この日を記念して、「天の時　遂に来たれり　創価王」と詠んでいる（年譜 2011: 978）。「創価王」とは、学会員の全員が信仰の王者であるという意味であるという（『聖教新聞』２０１６年12月10日四面）。この句には、強い決意とその決意にもとづいてとった行動の結果として、宗門の軛を断ち切ったことへの深い満足が込められているようだ。

第4章　広布千年の基礎

1　1990年2月――ロサンゼルスの十七日間、その一

1980年代を通して、より正確には、第一次宗門問題から第二次宗門問題を経て「魂の独立」に至る十余年以上は、池田と創価学会にとってきわめて多事多難な時代であった。その産みの苦しみを経て、創価学会は「在家主義的な宗教様式の革新という所期の目的」（西山 1998: 132）をおおよそ達成できたが、その間、アメリカのNSAはどのような日々を過ごしたのだろうか。

すでに何度か指摘したように、一言でいえば、ウィリアムスNSA理事長はフェイズ2の反省を深めることなく、結局、それ以前の路線に立ち返っていった。1981年までの事情は紹介したので、それ以降の概略を記そう。

1982年には第一回の全米男子部総会（イースト・ロサンゼルス）が開催され、全米から5千名が参加した。再び、数が尊ばれモノをいう時代が再来した。10月には2万4千人のメンバーを結集し、

ワシントンDCでコンベンション（ワシントンDCラリー）が開催された。1万人が旗手となり、星条旗を掲げコンスティテューション・アベニューを大行進した。1983年には、第二回の全米女子部総会が開催され、5千人の出演者と6千人の観客が全米からカリフォルニア州アナハイムに集った。1984年にはダラスとサンディエゴでコンベンションと総会が開かれ、6千人の出演者と2万名の観衆があったという。1985年には第五回世界青年平和文化祭がハワイにおいて開催され、これはハワイでのそれまで二度のコンベンションに匹敵する規模の催しであった。日系官約移民百年記念行事の一環として認められたこのときは、1万3千人が星条旗を掲げカラカウア・アベニューを大行進した。

1986年にニューヨークにおいて、マジソンスクエアでコンベンションが開催され2万5千人が参加した。1987年にはシアトルとフィラデルフィアでコンベンションが行われた。また、80年代には日本各地を中心に開催された世界青年平和文化祭に、NSAは千人規模のメンバーを派遣し、豪華で壮麗なショーやイベントを行った。このように1980年代の半ばから後半にかけ、コンベンションと大量折伏路線が再過熱し、その勢いはフェイズ2以前と匹敵するものとなった（World Tribune 1989: 14-36）。

NSAが公表したメンバー数は、1975年から80年までは25万人と変わらなかったが、81年に26万人、82年には29万人、83年には33万人、84年には40万人、85年には45万人へと膨張した（ウィリアムス 1989: 306）。

88年も折伏キャンペーンは続いていたが、微妙な変化が生じつつあり、総会とコンベンションの開催方式が変化した。フェイズ2の後もしばらく続いた方式のように会場を分散しての開催となり、全米の八つの総合方面（joint territory）ごとに開催された。それでも、ロサンゼルス・ジョイント・テリトリーでのコンベンションには2500人のメンバーが一堂に会し、サインボードを使って絵文字や図形を描き出す大パフォーマンスが繰り広げられた。

89年の総会は、本部（headquarters）ごとの分散開催となり、コンベンションは開催されなかったが、この年のブッシュ大統領就任を祝う慶祝行事をNSAも盛大に執り行った。前年も含め、コンベンション型の大量動員と折伏キャンペーンは継続していたが、88年と89年を振り返ると、潮目が変わる予兆があったと思われる。

1990年2月になると大きな出来事があり、NSAは一挙に路線を転換する。

創価学会はこの年を「原点・求道の年」と名づけたが、その2月中旬、池田は二十二度目となる訪米を行った。

池田は2月12日に成田を発ったが、当初はロサンゼルスだけでなく、ブラジルなど南米諸国の訪問も予定されていた。池田の長男の博正は、予定変更にともなって名代に指名され、急遽ブラジルへ向かったことを著書に記している（池田博正 2008: 82）。また、『ワールド・トリビューン』の五十周年記念号には、「正念場（a critical juncture）にあったNSAのため」、池田が南米行きをキャンセルしてロサンゼルス滞在に充てたと述べられている（WT, Oct. 2, 2010: 17）。

このときのロサンゼルス滞在は十七日間におよび、ほとんど連日のように会合が開催され、幾重にもおよぶ池田の指導が行われたことがきわめて異例であった。この池田の集中的な指導によって、N

SAは体制を改めることになる。

この訪問の時期が、創価学会の歴史においていかに重大な局面であったかについては、すでに注意を促しておいた。まさに「正念場」を迎えつつあったのは、創価学会本体であったかもしれない。したがって、この直後の宗門との「決戦」に備え、その前に懸案となっているNSAの問題を解決しようという思惑が働いたかもしれない。いずれにせよ、このような状況のなかで、池田は半月以上もロサンゼルスに留まり、連日アメリカのメンバーの指導に身を挺したのである。

2月14日付の『聖教新聞』は、第一面でこの訪米を大きく取り上げている。「共々に大白法の広宣流布を」と大書され、「すばらしき仲間　すばらしき前進」「「世界のNSA」の建設」という文字が躍り、「SGI会長、ロサンゼルスに到着」と見出しが付けられている。記事によれば、「ロサンゼルスに到着するや、ただちに研修が始まった」という（『聖教新聞』1990年2月14日一面）。

マリブ研修センターで行われた第一回目の研修は、12日正午から開始されたというから、11時に到着したロサンゼルス国際空港から移動に必要な所要時間のみをおいて、「NSA各部合同研修会」が開催されたことが分かる。そして、正念場にあったNSAの研修会に到着するやいなや、池田がただちに述べたのは、以下のような指摘であった。

最初に、「今回は南米三ヵ国も訪問する予定であったが、アメリカが大切であるし、アメリカに力点をおいて、南米には代理に行ってもらうことにした」（『聖教新聞』同上）と前置きし、
真のリーダーは、友を守り、ほめたたえ、包容していける人である。反対に、組織上の立場を利

用して、人を叱ったり、威張ったりするリーダーは、仏子を苦しめるばかりでなく、将来、自分自身が苦しむことになる。ゆえに、そういう指導者をつくってしまえば、たがいに不幸となる。そうであってはならない。信心の世界は、つねに成仏と幸福のためにある。（池田 2006: 24）

このとき冒頭、池田は、三年ぶりでアメリカを訪問し、「懐かしい皆さま方にお会いでき、本当にうれしい」と語り、続いて時候の挨拶や今回の訪問予定の概要や、あるいは会談予定者の紹介なども述べているが、上掲のように、十七日間の滞在最初の発話として、ある種そぐわない指摘を行ったが、それは逆に、ズバリと本論に切り込んだと見るべきなのかもしれない。

池田の十七日間のロサンゼルス滞在スケジュールは、一分の隙なく編まれ、それだけでも状況の緊迫ぶりをうかがうことができるようだ。12日に到着後すぐに上掲のNSA各部合同研修会に出席した後、十七日間にじつに十五回にもおよぶ会合に出席し、必ず挨拶やスピーチを行っている。なかには、かなり長時間にわたる御書や法華経の講義なども含まれている。

2月12日から28日までの滞在中、会合が行われなかったのは16日と23日だけである。しかし、その両日とも休息に充てられたわけではなく、著名な実業家のオキシデンタル石油会長のアーマンド・ハマー（16日）、ノーベル化学賞およびノーベル平和賞を受賞したライナス・ポーリング（21日）、ジャーナリストで核兵器廃絶運動などにも貢献したノーマン・カズンズ（23日）と対談を行っている。この十七日間のスケジュールは、非常に緊密なものであったことが分かる。

ロサンゼルス到着二日目の13日には、「NSA三十周年記念代表者会議」が開催され、池田は「千年の仏法共和の基盤をつくれ」というスピーチを行った。この会合の主な出席者、つまり「NSA代表者」とは最高幹部たち、ウィリアムス理事長・キクムラ主任副理事長・カトウ副理事長、フジオカ・クダマツ・ザイツ・ナカバヤシ・カサハラ・マグロフスキー・ササキ・マツオ・オオハラの各総合方面長、ウィリアムス総合婦人部長、タカクワ副総合婦人部長、エリオット婦人部長、オギハラ・イノアシの両副婦人部長、ナガシマ青年部長、マクレイス男子部長、ヒロタ女子部長であったことが分かる。他に日本から六名ほどの幹部とNSAの約三百人の出席者があったという（『聖教新聞』1990年2月15日一面）。

NSA代表者のうち、日本人でも二世でもないアメリカ人は、入会時期の早いガイ・マグロフスキー（1943年生まれ、1967年入会）と、1989年に男子部長に任命されたイアン・マクレイス（1953年生まれ、1976年入会）の二名である。

フェイズ2の後、男子部長と女子部長にアメリカ人が任命されたが、体制立て直しのため、日本人が両ポストに復帰していたことはすでに述べたが、1989年になると四者組織の整備が進み、初めて青年部長のポストが設けられ、ダニエル・ナガシマが就任している。[1] そして、このとき、男子部長にはアメリカ人のイアン・マクレイスが就任した。

しかし、四者の責任者、また副理事長と総合方面長の顔ぶれを見ると分かるように、要職の大部分は日本人であるか、あるいは二世の「日本組織原理を斟酌できる能力を備えた」（ウィリアムス 1989: 295）指導者たちであった。

この日も、池田は、そのような聴衆に向かってスピーチを行っているのである。それは、冒頭、挨拶に立ったウィリアムスのトーンとは明らかな差異がある。

ウィリアムスは、NSA広布の三十年は、二十二回を数える池田SGI会長のアメリカ訪問によってその大発展が築かれたことを感謝すると述べ、今後どこまでもSGI会長の指導のもと、求道の信心を貫いていきたいとして、慶祝ムードのなかで、十の新会館建設構想を朗々と紹介している。それに続いて述べられた池田のスピーチは、「私のほうからは、簡潔に五点申し上げたい。」と切り出され、次のように続けられている。(池田 2006: 25-8・『聖教新聞』1990年2月15日一面)

第一に、「アメリカ広宣流布の千年の基盤」をつくる自覚で、これからも着実に進んでいただきたい。あせる必要はない。早く、簡単にできあがったものは、壊れるのも早い。今は、磐石な基礎をつくりあげる時である。

第二に「人材こそ宝である」という点である。人材なくして令法久住(法をして久しく住せしめる)も、広宣流布もない。

人材はまず見つけることである。石の中に金をさがすように、可能性豊かな存在を見いだす。それから、今度は、その人を全魂で育成することである。

育成の根本は祈りである。この人をアメリカの大人材に成長させたい、と真剣に御本尊に祈っていく。そして、その熱い真心をもって、その人を大切に育てていく——。

「千年」先までも見通す指針が提言されているにしても、このあたりまでは、三十周年を祝賀する定型的な挨拶の型を逸脱してないだろう。しかしながら、しだいにトーンが変わる。

日本でも、これまで大勢の中には、金銭問題や生活の乱れなどから、信心も堕落し、清浄な和合の世界から去るべくして去っていった人もいる。しかし私は、一人も落後させないという思いで、徹して指導し、激励してきた。牧口門下生も戸田門下生も含めて、皆、徹底して大事にしてきた。その人々が、あらゆる分野で、今では広布の大きな力になっている。

人材は、心から尊敬し、自分以上に偉くしよう、偉くなるのだとの決心で育てることである。後輩を見さげたり、利用したりすることは、謗法の罪にさえ通じてしまう。人材を育てる人、その人こそが偉大である。その人こそが真の人材なのである。

第三に「楽しい会合」「歓喜と知性の対話」ということである。これを「世界の模範」となっていくべきアメリカの皆さま方のモットーにしていっていただきたい。

信心の世界は幸せになるための世界である。本来、最高に自由な、最高に楽しい集いである。だれにも人を叱ったり、苦しめる権利はない。叱られて、いやな思いをせねばならない義務もない。

「金銭問題や生活の乱れ」「信心も堕落」、また「後輩を見さげたり、利用したりする」ことなどが一切存在していなければ、ここでこのとき指摘されるようなことはなかったはずである。それはまた、

「だれにも人を叱ったり、苦しめる権利はない」という指摘についても同様であるだろう。

第四に、広宣流布に戦っている人を、尊敬していかねばならない、ということである。日本とアメリカでは、文化、風土、社会制度などで、さまざまな違いがある。ゆえに広宣流布の進め方にも、当然、違いがあるかもしれない。

しかし、根本的にいえば、「無量義」は「一法」より生ずるものであり、また「百界千如」「一念三千」という生命の実相は、いずこの世界にあっても変わるものではない。その次元から考えた場合、広布の進め方、方程式において、何が重要になるかについては、よくよく指導を受けていっていただきたい。

第五に、どこまでも「健康第一」で進んでいただきたい。皆さま方は、大切な大切な広宣流布の仏子である。もし、健康を損なうようなことがあれば、これほど残念なことはない。

ゆえに生活はリズム正しく、休養も十分にとっていただきたい。自発的な意思でやることは別として、権威や上からの圧迫で、自分の体を損なうまで無理をする必要はないのである。

どうか、リズム正しい生活、価値的にして快適な活動の日々を送りつつ、「仏法」のため、「広宣流布」のために、ご奉公していただきたい。すばらしき人生を築いていただきたい。ご一家の繁栄の道を開いていただきたい、と申し上げ、本日のスピーチとしたい。

四番目と五番目の指摘は、おそらく一般的な指摘のようにも受け取れるかもしれない。表現も温和である。しかしながら、「日本とアメリカでは」、「広宣流布の進め方にも、当然、違いがある」ことは、随方毘尼の精神として、池田が１９６０年代以来一貫して強調してきた要点であるし、「健康第一」というごく常識的な注意喚起がなされているわけであるが、コンベンション一辺倒なＮＳＡの、根こそぎ組織活動没入的体質が、結局このときもまだ克服されていなかったことが指摘されているだろう。

この日、池田は、伝統日本的な気質のリーダーに向け、従来から指摘してきたことを繰り返し強調しているのである。それによって、結局ＮＳＡがそういう気質・体質を温存し続けていたことが如実に物語られているだろう。

２　１９９０年2月――ロサンゼルスの十七日間、その二

十七日間の、上記で取り上げた以降の会合における池田の発言のうち、重要だと思われる点をかいつまんで以下で指摘しておこう。

まずは、2月15日に行われた「第二回ＳＧＩパン・アメリカン諸国会議」での発言である。北中南米18ヵ国の代表が参加しているが、誰を念頭において述べられているのか明示されていなくとも、その誰かが想像しやすい部分も少なくない。

さて戸田先生がもっとも嫌われたのは、「形式主義」であった。ゆえに弟子の私も、徹底して「実

質主義」の人間である。

「形式」が大切な場合もあるが、中身のない形式主義は悪である。形式は〝死〟、実質は〝生〟、形式は〝迹《しゃく》（影）〟、実質は〝本（本体）〟。形式は保守となり、実質主義は進歩と発展をもたらす。

たとえば会合をする。何人来たか、きちんとできたか——そうしたことのみを気にし、形にとらわれて、実質を見失う。これでは失敗である。

「実質」とは、たとえ少人数でもよい、来た人が、心から納得し、喜び、御本尊への確信をもって出発できたかどうかである。たった3人であっても、御本尊を拝し、御書を拝読し、感激し、信心の炎が燃え上がっていけば、仏法の眼から見て、計り知れないほど偉大な集いである。

反対に、何千人集まり、整然と進行し、立派で盛大そうな姿を見せたとしても、皆がただ疲れ、苦しみ、心からの信心の喜びがないのであれば、結果として、虚栄の集いとなってしまう。

リーダーのための会合でもなければ、組織のための会合でもない。一人の「人間」の発心と成長のための集いなのである。

「人間」のために組織があり、リーダーがいる。組織やリーダーのために「人間」が従となれば、もはや仏法の生命はない。その濁りによって、「仏の力」「法の力」がせき止められ、功徳も広がらず、発展も止まってしまう。（池田 2006: 39-40）

池田がこう述べたとき、ウィリアムスはその背後のひな壇に座していた。そのとき彼がどのような表情を浮かべていたか、今は知る術もない。

次は、21日開催の「第一回NSA最高会議[2]」でのスピーチである。主な出席者は、このとき設けられたNSA最高参与のポストに就任した和田栄一創価学会副会長、他三名の日本からの副会長、秋山SGI婦人部長。NSAからは、ウィリアムス理事長以下、副理事長、エリオット婦人部長[3]、ダニエル・ナガシマ青年部長、イアン・マクレイス男子部長、エイコ・ヒロタ女子部長ら最高幹部たちであった。

「誠実、公平、進歩の人に」と題されたこのときのスピーチの内容は、歯に衣着せぬ直截なもの言いの非常に厳しいものであった。

「進歩」しないリーダーは、魅力を失う。後輩もかわいそうであり、自分も行き詰まる。行き詰まり、人もつかないから、なおさら権威でしばったり、抑えつけるようになる。ますます人の心が離れていく。悪循環である。

御書（1382頁）には14の謗法《ほうぼう》のうち「浅識《せんしき》」の罪が説かれている。たんに知識が浅いということではなく、そこにとどまり、求道心を失って、〝学ぼう〟としない姿勢を意味する。それは信心の後退である。

リーダーが変わった分だけ、組織が変わる。わが地域、わが国土の広宣流布が進んでいく。その意味でも、リーダーは「知性」を磨いていただきたい。私がさまざまな角度からスピーチを重ねているのも、その願いからである。

池田がNSAの最高幹部たちを前にリーダーの理想を再説するのは、その理想から実際が遠く隔たっていると考えていた、その表出であったろう。さらに続けて述べている。

「平等」「人権」というアメリカの理想——。じつは、仏法の世界こそ、最高にして根本的な「平等」と「人権」を実現しゆく世界である。

人間は「平等」である。上下の差別など絶対にない。組織の役職等は、機構上の仮の姿である。方便であり、皆がより喜んで信仰に励み、幸福になっていくための一手段にすぎない。

ゆえに組織のリーダーとは、皆の〝上にいる人〟ではなく、皆に〝奉仕する人〟なのである。戸田先生は「幹部は会員の小使い」と教えられた。

ある意味で、皆の犠牲になっていく決心で、尽くしていくのが、真の広布のリーダーである。組織の上下にとらわれて、リーダーが自分が偉くなったかのように錯覚したら、仏法の「平等」の精神に反する。

また、リーダーに対して、だれでも自由に、言うべきことを言える雰囲気が大切である。私どもは、皆、平等の「善知識《ぜんちしき》」（良き友）だからである。

仏典には「彼が為に悪を除くは即ち是れ彼が親なり」（章安大師『涅槃経疏』大正38巻）——その人のために、悪い点を取り除いてあげる人は、その人の親の存在である——と説かれている。

黙っていることは、無慈悲に通じる。小さな感情にとらわれての非難はよくないが、建設的な、価値ある意見は必要である。言われたほうも、それに感謝できる大きさを持てば、たがいの心の世界が広々と開けていく。

また相手の成長のために、必要な〝注意をする〟ことは慈悲であるが、自分の感情で〝叱る〟のは傲慢である場合がある。リーダーは人を叱ってはならない。人の心は限りなくデリケートである。同様に、男女も「平等」である。女性を抑えつける男性は、文明人とはいえない。

御書には「女るひはいかなる失《とが》ありとも一向に御けうくん《教訓》までも・あるべからず、ましていさか《争》うことなかれ」（御書：1176）と仰せである。

――女性に対しては、どんな失敗があっても、叱ってはならない。まして争うことは絶対にいけない――。

女性はそれほど繊細である、とのお心と拝される。「レディー・ファースト」の国であるし、女性をこれまで以上に尊重していただきたい。

また女性のほうも、男性のリーダーに盲従していては、両方が不幸になってしまう場合がある。むしろ、弓と矢のように（御書：975）、男性が正しい軌道を進めるよう、方向を定め、時には軌道修正していくことが、正しい仏法の精神にのっとることになる。

大聖人は「夫の心をいさめ《諫》ば竜女が跡をつぎ末代悪世の女人の成仏の手本と成り給うべし」（御書：1088）と教えておられる。

――池上兄弟の夫人たちがともに夫の心をいさめて、夫たちが大聖人の御指導どおりに振る舞うようにしていけば、法華経で即身成仏の姿を現じた竜女の後継となり、末法悪世の女性の成仏の手本となられるであろう――。（池田 2006: 78-80）

ここまで何度も十七日間に行われた池田のスピーチを引用してきたが、その論点はいくつかのポイントに収斂していることが分かる。池田は驚くほど入念に繰り返し指摘しているのである。

第一点は、リーダー像である。池田は一貫して権威を振りかざすようなリーダーを排除する。その理想は、「皆に奉仕する人」であり、戸田が説いた「会員の小使い」である。役職者は高位にあればあるほど、謙虚であることを求められている。

第二は、組織のあり方である。「人間のために組織があり、リーダーがいる。組織やリーダーのために人間が従となれば、もはや仏法の生命はない」、「リーダーのための会合でもなければ、組織のための会合でもない。一人の人間の発心と成長のための集いなのである」という指摘が、池田の掲げる組織の理想とするところである。

第三に、第一と第二を受けて、池田において「形式主義」が厳しく排される。やはり戸田を引きながら、「形式が大切な場合もあるが、中身のない形式主義は悪である」と断じ、「形式は〝迹《しゃく》(影)〟、実質は〝本(本体)〟。形式は保守となり、実質主義は進歩と発展をもたらす」と述べている。

これらの指摘が、十七日間の滞在中の池田の指導の要点だったことが、この時代のNSAにおいて何が失われていたかを如実に指し示しているだろう。

1980年代の中盤以降、NSAがかつての路線に回帰するにつれ、池田は非常に厳しい評価を下していたという。ダニエル・ナガシマは、1989年ころNSAの青年部の一員として日本を訪問したが、池田と面談の際、「オールド・ネイビーが入ってきた」と他国の青年も集う場で揶揄されたという。なんとなれば、そのときNSAの青年たちは、あいかわらずウィリアムスお気に入りの、袖口に階級章の入った白い制服を着用していたからである。

池田は、他の国々の青年たちの面前で、NSAの大時代的な不自然さを叩いたのであった。このときナガシマは、なんとしても池田の心情に応えねばならぬと強く決意したという。

さて、十七日間滞在の終盤、24日には「NSA三十周年記念総会」が開催され、21日の最高会議で就任が承認された和田栄一NSA最高参与が紹介されるとともに、NSAの新体制が発表され、"new NSA"の出立が宣言された（『聖教新聞』1990年2月26日一面）。

池田は、十七日間滞在の最終日に至るまで研修を行い、スピーチしている。滞在最終日の28日、マリブ研修センターにおいてNSA各部代表メンバーに対する特別研修で以下のように述べた。最後の最後であるから、もっとも念を押したい点が何であったか、率直に表れているだろう。「寛容、忍耐、紳士たれ」とタイトルの付されたスピーチは比較的短いものであったが、末尾で次のように述べられ、これが十七日間の結びとされている。


仏法は「法」が根本である。広布の前進も、根本は、すべて御本尊である。「人」は一次元からいえば、正しく正法を受持し、広宣していく組織の責任者である。

要するに、その中心者が御本尊を根本としているかどうか。それがもっとも肝要の一点となる。中心者が、その根本を忘れて、権威の力で、人を上手に左右し、動かしていこうとすることは危険である。正法の世界を壊してしまう場合すらある。

ゆえに、あくまでも「法」を根本にし、大事にするリーダーでなければならない。（池田 2006: 139）

3 SGI-USA

1990年が、日本・創価学会においていかに重大な局面であったかについてはすでに述べたところである。2月のロサンゼルス十七日間滞在における池田の指導が、「魂の独立」を見据えて行われたものであるのかどうか知ることはできないが、日本において宗門と袂を別つに先立って、アメリカにおいて時代を画す大きな動きがあったことが分かる。

1990年2月に最高参与に和田栄一が就任したことも述べたが、この役職はNSAの指導役であり、これ以降もウィリアムスは理事長にとどまっていたが、従来のような振る舞いは控えざるをえなくなった。

3月23日に開催された「第二回NSA最高会議」では、一ヵ月前の池田の指導を承け、それを具体的に施行するための取り決めを行った。最高会議のNSAにおける組織上の位置づけの確認に始まり[4]、個々の会員の一週間の活動のスケジュールなどの細かな点にいたるまで、具体的に検討している。座談会・教学・家庭訪問や個人指導・人材育成・勧誘のガイドライン、あるいはリーダーの振る舞いなどの諸点にわたって取り上げられた。

したがって、状況の変化を受け、ウィリアムスは会議の閉会挨拶で、かつてとはだいぶ異なったトーンで、次のように述べざるをえなかったのだろう。「組織体の意思決定は、出席者の誰もが声を上げて充分に議論してなされるものでなければならない。」「そして、そのようにして私たちは、池田SGI会長から託された〝new NSA〟を建設してゆくのだ。」(WT. Apr. 2, 1990: 2)

ウィリアムスが正式に理事長を退くことは、1992年8月に発表された。1991年6月には、NSAはその名称を捨て、Soka Gakkai International USA（SGI-USA）となっており[5]、その最高決定機関である評議会（SGI-USA Council）に、ウィリアムスが、フレッド・ザイツ（Fred Zaitsu）を新理事長として推薦したことが『ワールド・トリビューン』紙上で伝えられた（任期は一期が三年で、11月からのスタート）。ザイツは、このとき副理事長であるとともに、1991年に設けられた壮年部長の初代の任にあった（WT. Aug. 24, 1992: 1）。

SGI-USAの法人法規に従って、ザイツの理事長への推薦は東京のSGI本部へ具申された。またこのとき、ウィリアムスはSGI-USA名誉理事長となるが、引き続き副理事長として任に当たることも、和田SGI-USA最高参与によって発表された。この後もウィリアムスは、三十二年間にわたってNSA＝SGI-USAを率いた功労者として遇せられ、1998年に定年ということで最終的に引退した。

フレッド・ザイツ（日本名は、財津光明[6]）は、1940年山梨県生まれで、神奈川大学経済学部で貿易学を学んだ。1964年に大学を卒業するとき、商社に就職が決まっていたが、縁あって創価学会の広報を行う外郭団体「アジア民族協会」に就職した。1967年より聖教新聞社で、主に記者として勤務した。

ザイツが信心を堅固なものとしたのは、池田との忘れられない邂逅によるという。池田は1962

年から学生部に向け「御義口伝」を講義していたが、受講することができたのは学生部の部長以上のみであった。ザイツは班長、そしてグループ長となったが、何より部長になりたかったのは、池田が手ずから行うその講義に連なりたかったからであるという。

学生部の部長となり、念願の「御義口伝」の講義を受講できることになったのは第一期の途中からであったので、「1・5期生」といわれたという。「自分で紐解くだけでは、「御義口伝」はそのままなかなか分からないが、先生が、人生という視点から、また現代社会を生きるという観点から解説してくださって、明快に分かったという実感が得られた。人間の生き方、正しい生き方、生命、そして法華経がどのようなものであるのか、教えていただいた」。これが決定的で、人生の原点になったのだという。

「御義口伝」の講義が3月に終わったとき大学も卒業になるので、先生がお祝いにと、三十人くらいで招待されて学会本部の地下の食堂でカレーライスをご馳走になった。美味しかったのは覚えているが、どんな話をしたのか覚えていない。

しかし、覚えているのは、帰るとき、先生が一人ひとりに握手してくださった。じっと目を見つめてもらって、握手してもらった。とても暖かかった。「君は名前はなんというんだ?」と聞かれたので、「財津光明といいます」と答えると、先生は「覚えておくよ、君を」と言われた。その言葉に「ズシンときた」のだという。まるで「100万ボルトの電流に撃たれたような」衝撃だった。「覚えておくよ」という、ものすごい激励をいただいて、このとき以来、ずっと先生についてゆくのだと堅く決意したという。

ザイツは、東京外国語大学が第一志望校だったが、外大に進めなかった。しかし、神奈川大学は奨学金が給付される特待生の待遇で合格したので入学した。英語はある程度得意であったこともあり、聖教新聞の記者のとき、1971年シアトル・コンベンションに特派員として派遣され、初めてアメリカに行ったという。[7] 1973年からは、聖教新聞のアメリカ常駐特派員となり、サンタモニカに着任した。

しかしながら、ザイツは、日本から派遣されてきたということで、NSAを監視に来たのではないかとウィリアムスに警戒されているような気配を感じたという。それは、疑心暗鬼にすぎなかったのではないかとも思えたが、どこへ行くにも、ウィリアムスの部下に同行されていたという。

ザイツは、アメリカに到着するや否や、1968年に開始されたコンベンションが最初の頂点に登りつめるプロセスをつぶさに目の当たりにした。アメリカは広いな、大きいな、皆、自由でのびのびしていると思ったのと、当時NSAは拡大期で、第一印象では、メンバーの熱気がものすごかった。皆、明るくて、活動を楽しみ、信心に感謝しながら頑張っている姿が印象的だったという。

1971年以降フェイズ2までは、いわば第一期の大コンベンション時代だった。ロサンゼルスのメンバーたちは全面的にコンベンションを支えていたが、負担は相当なもので、1975年のブルー・ハワイ・コンベンションが終わると、「こういうのは、もうこれっきりにしてほしい」という雰囲気がありありと漂っていたという。このときは、ロサンゼルスからだけでも8千人くらいが駆り出された。

それでも、まあ、(NSAの)職員が三ヵ月、あるいは六ヵ月、準備から行くのは仕方ないにしても、一般のメンバーがかなりの期間、仕事を休んで参加するのは、経済的な負担も大きくのしかかり、一家で四人だと、一人５００ドルで、２千ドルもかかるわけで、とにかく相当な負担となった。「毎年のことだし、（ＮＳＡで）オリンピックを毎年やるようなものだった」。

当時は「信心即コンベンションだった。組織の力もあったし、ウィリアムスさんに吸引力もあった。それでまた、メンバーも限界までやったのだと思う」。

それでも、「そういう苦しみのなかで、メンバーは、たとえウィリアムスさんに言われたにせよ、広宣流布のため、先生のために、コンベンションを行っているのだという気持ちをもっていたはずだ」。

それが、フェイズ2が起こると事情が変わった。

ザイツは、１９７７年から聖教新聞特派員としての仕事にくわえて、ＮＳＡの組織の中での活動に関与を深めた。それは、フェイズ２の混乱を立て直すために、東京から指導にやってきた和泉覚副会長らから、「ザイツも頑張ってくれ」と言われ、組織の活動に力を注ぐことになったからである。このころ創設されたＮＳＡ教学部の責任者にもなっている。

１９７８年にはウエスト・ロサンゼルス本部の本部長になり、１９８０年にシアトルに移動になりノースウエスト方面長（Northwest Territory chief）となった。また１９８２年にシアトル総合方面長（Seattle Joint Territory chief）となり、その後、副理事長に就いている。また、１９９１年に初代の壮年部長にも任命された。つまり、ザイツは、フェイズ2による混乱と停滞のなかで、その立て直しに取り組むところから組織人としてスタートを切っている。

フェイズ2によって、それまでの組織機構が見直され、新しいものが求められ、侃々諤々《かんかんがくがく》しながら、アメリカ的なあり方が模索された。男女青年部、あるいは四者が廃止され、折伏をはじめ組織動員的活動を停止するなど、日本的だと思われる組織と活動が次々と排されたことは、すでに述べたとおりである。

そういう混乱のただ中で、ザイツが組織人としてのキャリアを開始したことは、後日、二代目のＳＧＩ-ＵＳＡ理事長として演じることになった、その役回りを考えるとき非常に示唆される点があると思われる。

１９９２年11月、ザイツが第二代ＳＧＩ-ＵＳＡ理事長に就任したとき、ウィリアムスのコンベンション路線はすでに停止していたとはいえ、組織的にはまだ混迷、あるいは停滞を脱していなかった。

しかしながら、希望も兆しつつあった。創価学会が第二次宗門事件を経て１９９１年に「魂の独立」を果たしたことは、アメリカにおいても大きな影響があった。「衣の権威」が消失し、風通しが良くなった影響が、全面的に出てくるにはまだしばらく時間がかかったが、以下で述べるような直接の変化があった。

つまり、１９８４年にサンフランシスコの妙信寺が落慶すると、アメリカにおける日蓮正宗寺院は計六ヵ寺となったが、これらをＮＳＡは養わねばならなかった。そして、それには御授戒の際の御本尊下付料が充てられていたが、六ヵ寺を維持するのに必要な経費を稼ぎ出すには、毎年7万2千人の折伏が必要になるという試算が宗門より示されたという。

実際、１９８０年代の中頃以降、第二期の大コンベンション時代は、また大折伏時代でもあったが、折伏に邁進せざるをえなかったのは、まさにこのような経済的な必要に迫られていたという事情もあったのである。

84年に4万2千人、85年に6万7千人、86年には8万1千人、87年に6万人、88年に5万3千人、89年に2万7千人、そして、池田の十七日間指導の行われた90年は2千7００人まで激減するが、このような数字が記録されている[8]。

１９８６年ころに信濃町を訪れたＮＳＡのある幹部は、池田から無理な折伏をするなと強く釘を刺されたという。池田は、マンスフィールド米駐日大使から、「ストリート折伏を活発にしているのですね」と、婉曲にではあったが批判的な指摘を受けたのだという。それで、池田から、入信の原則をしっかり決めて、それに則ってきちんと折伏するようにと求められたという。

それで、入信五原則が制定されたという。つまり、家族が認めている・座談会に出ている・会合に出ている・唱題や勤行もしている・『ワールド・トリビューン』を購読しているという五原則である。

ところが、ウィリアムスは、入信五原則は止めろと主張し、その施行は沙汰止みとなってしまったのであった。ウィリアムスが折伏の手綱を緩めることができなかったのは、おそらく上述のような宗門経済上の理由が大きかったと思われるが、ということは、ウィリアムスと宗門はある程度以上、近接していたと考えることができそうである。

なんとなれば、８０年代半ば以降、池田は機会あるごとにウィリアムスを厳しく指導していたが、宗門側はウィリアムスを取り込もうとする思惑がうかがえるような丁重な扱いが顕著であったという。

そのような状況も、ザイツが理事長に就任した１９９２年11月には様変わりしたといってよい。Ｓ

GI-USAはまだ混迷と停滞のなかにあったが、ウィリアムスの大コンベンションと強力折伏路線、そして宗門の傘のいずれもが消失し、創価学会の三代会長を経てストレートに日蓮へ直結する「師弟不二」路線の「SGIブディズム」が胎動を始めていたということができるだろう。

しかしながら、ザイツが理事長に就任した時点では、その胎動はまだ微弱なものであったし、ザイツが理事長の任にあった七年間は、アメリカ広布の歴史のなかでもっとも厳しい時代であり、ザイツは「贖罪の七年間」を過ごすことになったとは、後に第三代SGI-USA理事長に就任するダニエル・ナガシマのコメントである。

ザイツが理事長に就任したとき、もっとも優先して心がけたことは、「先生とどう呼吸を合わせていくかということが根本命題だった。そのために、何よりも先生のオフィスである第一庶務室の長谷川重夫室長と緊密な連携をとることを心がけ、先生との連絡を密にした」という。

そういうザイツに、池田から届いたメッセージは、「ザイツは、ウィリアムスとまったく違うことをやれ！」という、きわめて明快であるばかりか、痛快でさえあるアドバイスであった。

ウィリアムスとまったく違うこと、それは、例えばスピーチであれば、「ウィリアムスは感情的に大きな声でワーッとやる。ザイツは静かにやれ。理路整然と御書を用いて皆が納得するように、感情に走らずきちんとスピーチ原稿を作成せよ」という指導であった。それで理事長在任中、ザイツは公的な場でのスピーチには必ず原稿を用意し臨んだのであった。しかし、その準備に時間をとられ夜遅くまで机に向かうこともしばしばだったので、秘書にはずいぶんと迷惑をかけたと述懐している。[9]

4 「SGIブディズム」へ

ザイツへのアドバイスのなかで、「独裁は止めよ。カリスマ的独裁は一切やるな」という点も、池田の指導のポイントであった。

「もともと私は独裁できるタイプじゃないので、そういうこともなかったのですが、それで、合議だということで、合議ということは、皆と話しあうことだということで、それならいつでもできるので、皆さんに好きなことを言っていただく、それを私が最後にまとめる方向にもっていくという、そういうスタイルを心がけた」のであった。

「ですから、最高会議は、ウィリアムスさん時代とちがって、侃々諤々と議論がすごくなった。私が理事長になってから、皆んなの鬱憤が全部出てきた。副理事長クラスは、ガイさん、ササキさん、ナカバヤシさん、カサハラさん、エプスタイナーさん、少し後でマーチンさんなど論客ぞろいだったので、とても太刀打ちできなかった。だから、どんどん皆さんに意見を言ってもらって、時間はかかったけど、合議しながらそれをだんだんまとめるようにした。」

アメリカ人は、ディスカッションが大好きだから、だから、ディスカッションさせないと憤懣がたまってしまう。それをどんどん出してもらうことが大事であることを学んだという。そういうディスカッションの高まりのなかから、女性の処遇の問題が浮かび上がってきた。つまり、SGI組織のさまざまなレベルにおいて、女性の役職への登用が不十分であるという不満が表面化してきたのであった。

女性の問題は、波紋が広がるように拡大し、アフリカ系や少数派の人びとの幹部への任用が十分でないという声と重なっていった。ときあたかも、全米を震撼させた１９９２年春のロサンゼルス暴動[10]と同時期のことで、この大事件の推移と共振するように、ＳＧＩ‐ＵＳＡは組織のあり方の見直しを迫られたのである。

人種民族問題は、アメリカ合衆国の歴史を貫く、おそらく最大の社会問題の一つであるが、６０年代の公民権運動を通じ、基本的には克服されたという認識が全米で共有されていたはずであった。それが、９２年春のロス暴動によって、未だに解消されざる現実であるという厳しい認識が突きつけられたのであった。

このような大きな社会問題の影響も相まって、女性、エスニック・グループ、セクシャル・マイノリティーなど、社会的弱者への配慮を深めるために、ＳＧＩ‐ＵＳＡは１９９５年に「ダイバーシティ委員会（Diversity Committee）」を設置した[11]。ダイバーシティ委員会は、ナショナル・レベルとローカル・レベルで二重に組織が設けられ、月一回の会合が行われた。

ダイバーシティ委員会は、理事長のザイツにとって、身を切られるような非常に厳しい試練であったという。アフリカ系、ヒスパニック、アジア系の代表に集まってもらい会合を開催したが、これらの人びとが、いかに組織の中で差別を受けてきたのか、耐えがたい思いを経験してきたのか、そのような彼らの思いすべてを受け止め、そういう思いをさせた白人と日本人の側が過ちを認め、そして改める、そういう取り組みとして実施されたからであった。

そして、この取り組みの延長に、「仏法は家庭にあり、仕事にあり（Buddhism in Family, Buddhism in Work）」を旗印とする"Neighborhood System"が導入されることになった。日本でいうところの「ブロック制」であるが、ＳＧＩ－ＵＳＡでは、"Geographical Reorganization"とも呼ばれている（略称 Geo-Reo：ジオリオ）。ジオリオは、１９９４年ころから順次導入され、１９９７年に全米をカバーし、いちおうの完成をみる。

すでに紹介したように（第２章７節）、日本においては１９７０年、広布第二章の眼目の一つとして「タテ線」から「ヨコ線」への転換――つまり地域ブロック制は導入された。日本と比較して、アメリカにおいてブロック制への移行が四半世紀以上も後となるのは、いくつかの理由を考えることができる。

創価学会の場合、多くの人がすぐに思いつくように、移行の理由は、日本においては公明党の結成と政界への本格的進出が、ブロック制の導入と緊密に関連していることである。折伏のラインであるタテ線は、選挙区には関わりがないので、集票活動には効率的でない。したがって、政治活動への関与は、地域ブロック制への転換を促したという事情がある。

アメリカにおいては政治や政党にＳＧＩはコミットしていないので、上述の事情は存在しない。したがって、ブロック制が導入される必要は生じないが、そのような状況の中でブロック制が導入されるのは、そこに別の事情が作用していて、おそらくその事情は、ＳＧＩ－ＵＳＡの変化、あるいは一定程度以上の成長や成熟と関連していると考えられるだろう。

日本の宗教教団の事例を踏まえると、タテ線、つまり導き（折伏）の擬制的親子関係から、ヨコ線、つまり地区ブロック制への移行は、多くの場合、およそ十年ほどの短期間に30万世帯くらいの規模以上に急成長を遂げた教団で生じることが確かめられている[12]。

およそ十年間ということの意味は、擬制的親子関係を軸とする組織がまだ世襲されるほど定着していないので、教団の一元的管理への移行が可能であるということである。そして、30万という規模は、信者への情報伝達やその他集会などの活動効率と、信仰共同体の情緒的連帯感や帰属意識の強度とのバーター関係の分岐点であると考えることができる。つまり、教団が恒常的な人員拡大を目指すならば、擬制的親子間の第一次的紐帯の強度は失っても、組織の維持と発展がはかられねばならないからである。

SGI-USAは、1997年に全米8ゾーンからなるブロック制を施行するが、このときはまだ十年と30万の条件は満たしていないと思われる。しかしながら、アメリカにおいては日本と異なった事情によって、ブロック制の導入が促進されたのであった。それこそ、先ほど述べたダイバーシティ委員会とそこでの議論に関わる事柄である[13]。

つまり、NSA時代は、なぜアフリカ系やヒスパニックやアジア系など少数派の人びとが幹部に就任できなかったのかというと、それは組織の最小単位の地区がコミュニティ・ベースでなかったことに起因する。そのこと、つまり地区がタテ線を基礎にして構成されていることが、アメリカにおいては日本では生じない問題をもたらした。

アメリカにおいて地域コミュニティは、エスニック・コミュニティであることが一般的である。「近隣の街」シカゴの事情についてすでに指摘したが（第3章3・4・6節）、この事情はある程度以上、全米に当てはまる。

そうであるとすると、もしブロック制によって地区ができあがっているならば、地区のメンバーはほとんどが同じエスニシティの人びとであるだろう。しかし、実際には折伏のラインであるタテ線によって地区が生み出されているので、多様なエスニシティのメンバーが集って地区を作り上げている。そして、このことは多様なエスニシティの人びとの交流を促すというポジティブな側面を有するが、反面では幹部の任用に当たって、アフリカ系や他のマイノリティーの登用を阻むことになったのである。

例えばある地区の座談会を見てみると、いろいろなエスニシティのメンバーが参加しているが、それらアフリカ系や他のマイノリティーのメンバーは、ときに一時間以上も車をドライブするなど遠路はるばる座談会に参加しているということも珍しくなかった。そして、リーダーはいつも白人や日本人ということがふつうであった。なぜなら、それらのリーダーの折伏によってその地区が発足しているからである。

したがって、ジオリオを導入することで、エスニック・コミュニティにもとづいて地区を編成する。そうすることで、グループ長だけでなく地区部長以上、支部長や本部長も白人や日本人以外のエスニシティの人びとを登用する途を拓き、幹部任用に当たってエスニシティ間の不平等を是正することを可能にしたのである。

このように、１９９７年にいちおうの完成をみるジオリオ制は、日本における地域ブロック制への移行とはまた異なった、アメリカ合衆国固有の事情とそれに対するＳＧＩ－ＵＳＡ独自の対応の結果であったということが理解できるだろう。

１９９９年12月、ザイツは名誉理事長に退き、ダニエル・ナガシマが第三代理事長に就任する。ザイツが理事長の任にあった七年間は、決して長いとはいえないかもしれないが、ＳＧＩ‐ＵＳＡにとって決定的に大事な時期であり、ザイツは細心の注意を払いながらその重責を果たしたということができるだろう。この時期、日本においても創価学会本体が激動の最中にあったが、アメリカにおいても非常に慎重な舵取りが求められたのである。

ザイツは、「私の理事長時代は、たんに畑を耕しただけで、収穫は今、ナガシマ理事長になって稔りつつある」と述べているが、たしかにＳＧＩ‐ＵＳＡはナガシマ理事長体制以降、安定した着実な発展期に入ったということができそうである。それは、ナガシマ理事長就任と時を同じくして、四者の部長全員にアメリカ人が登用されたことにも現れているようである[14]。

また、ナガシマ理事長時代には、「ＳＧＩ‐ＵＳＡ綱領（SGI-USA Charter）」が定められ、アメリカ合衆国における一般社会への公益に資する非営利団体として組織運営が近代化されるなど、整備が大幅に進められた。

ナガシマは、しばしば「私は最後の日本人の（ＳＧＩ‐ＵＳＡ）理事長です」と自己紹介をするが、その含意は、ＳＧＩ‐ＵＳＡは日本発祥であるが、いまやアメリカ人の宗教として、アメリカ合衆国に根付く世界宗教であることを射程に収めたという含意の表明であるように思われる。

２０００年7月、ＳＧＩ‐ＵＳＡの新生を励ますように、池田は、「わが偉大なるアメリカの尊き同志に贈る」として『舞え！新世紀の自由の大空へ』と題する長編詩を『聖教新聞』に発表している。

新世紀と新体制のＳＧＩ－ＵＳＡへの期待が幾重にも綴られた長大な作品であるが、ごく一部を引用する。

地涌の菩薩が
誕生した！
動き始めた！

アメリカ大陸に
新しい時代の風が
吹き始めた！
紅玉の杯を交わしながら
新しい　素晴らしき
平和と幸福の光道が
できあがりつつある。

朗らかな
歌声を吹き上げながら
わがアメリカの五十州に

未来を光らす
おお　星条旗は翻る！

自由の鐘の鳴り響く
歴史を創造し行く五十州にも
わが地涌の菩薩が
立ち上がった！
地涌の菩薩が
走り始めた！
そして
地涌の菩薩が
戦い始めた！

偉大なる
世界の縮図のアメリカに
新しい波が起こり始めた！

確かなる善の世界へ

大いなる新世紀への
翼が広がり始めた！

ＳＧＩ‐ＵＳＡの新生を寿ぐ詩句の連なりは、この後創価三代の系譜とアメリカ広布の意義を説く。牧口が見ることのなかった民主日本と、そして、戸田が踏むことのなかったアメリカ合衆国の地に、進みゆく広布の波動を実感するように池田は綴っている。

アメリカ！
私の生きている
自由なアメリカ！

初代・牧口常三郎会長は
すでに二十世紀の初めに
「未来の文明の
統合と結合の天地は
アメリカ合衆国なり」と
予見されていた。

二代・戸田城聖会長は
「アメリカのおかげで
戦後の日本に
信教の自由がもたらされ
広宣流布の時が開かれた。
大作！
アメリカには恩返しに
行きたいな！」と
何度も何度も語られた。

ゆえに　私は
その直弟子として
世界への平和旅の第一歩を
愛するアメリカに刻んだ。

このアメリカの
永遠なる
信頼と繁栄と安全を

アメリカの同志とともに
守りたい。

そして、最終連は、次のように結ばれている。
そこでは、「天国は存在しない／この苦悩の世界にあって」「人間教育の／平和と繁栄のために」「高貴な夢」が大学＝教育に託されているのである。

二十一世紀文明へ
若き学徒の
そして　若き指導者の
人間教育の
平和と繁栄のために！
我らのアメリカ創価大学は
太平洋の王者の波を見つめながら
幾世紀の期待を担って
オレンジ郡の溌剌たる丘の上に
無数の行列と
無数の声　高鳴る歌と共に

建設されてきた！

わが人生は
愛するアメリカで
若き自由人のために
そして　無限の思い出を
共々に創りながら
夜明けの喇叭の音《ね》を
響きわたらせながら
総仕上げしゆく決心である。

我らは
平和こそ万歳！
人生こそ万歳！
そして
幸福こそ最大の万歳！　と
叫びながら進む！

天国は存在しない
この苦悩の世界にあって
永遠に明るい
永遠に楽しく　透き通った
高貴な夢を
現実に見ながら歩むのだ！

二〇〇〇年七月二十一日

創価三代の夢が結実した、アメリカ創価大学（Soka University of America=SUA）は、カリフォルニア州オレンジ郡において、2001年5月3日に開学した。[15] ちなみに八王子の創価大学の開学からちょうど三十年後のことである。

日本において創価学会のいわば「近代化」の歩みは、1970年代と共に始まり、1990年代初頭の宗門との訣別で一区切りついたということができるが、SGI-USAにおいては、その胎動は1990年から始まり、ザイツが理事長に就任したころから本格化し、2000年に入ると新体制が安定したと考えることができるだろう。

そのような新生と安定のシンボルであるかのように、アメリカ創価大学の開学は、池田の長編詩『舞え！新世紀の自由の大空へ』の掉尾を飾るように詠いこまれている。

5 広布五十五周年

2015年9月、SGI-USAはアメリカ広布五十五年を記念する全米最高会議において新体制の発足を発表した（『聖教新聞』2015年9月20日一面）。第四代の新理事長に、アディン・ストラウス（Adin Strauss）が就任し、初のアメリカ人理事長が誕生した。この人事によってSGI-USAのすべての役職のトップにアメリカ人が就任することになった。

ストラウスは、1960年ニューヨーク生まれ、大学卒業後、日本留学中に神戸で日蓮仏法と出会い、1984年に入会。約一年間にわたり関西で信心の基礎を学びアメリカに帰国。1999年にIT関連企業に転職し再来日すると、目黒区で地区部長として広布拡大に奔走したという。その後、アメリカに帰国し、2014年からSGI-USA壮年部長を務めた。

ストラウスのSGI-USA理事長への就任を知った、目黒時代の同じ地区の婦人部長であった女性が、聖教新聞「声」欄に寄稿している（『聖教新聞』2015年10月7日四面）。婦人は「地区婦人部長のピンク色の自転車を後ろから追い掛け、地区中を駆け巡ったことは、今でも忘れられない金の思い出です」とストラウスから伝えられたという。

創価学会創立八十五周年の年、そしてSGI-USA広布五十五年にあたる2015年、アメリカ人であり、かつ日本の広布の第一線を知るストラウス新理事長の就任は、アメリカ広布新時代にふさわしい象徴のように思われる。

２０１６年は「世界広布新時代、拡大の年」と命名されたが、今日アメリカ広布の原動力となっているのは男女青年部であり、なんと弘教の約7割を担っているという。日蓮仏法がアメリカの若者を惹きつけていることは注目すべき点であるだろう。

また、ニューヨーク圏では、２０１５年、支部平均35世帯を超える弘教が記録されている。ニューヨークでは広布の初期からダンサーやアーティストのような、きわめて生き残りの厳しい世界を生きる人びとの間でＳＧＩが選好されてきたが、その伝統は今も続いている。競争的な大都市において、調和と共生を目指すこの信心が求められている点もやはり興味が深い（『聖教新聞』２０１５年11月29日四面）。

さて、世界１９２ヵ国・地域に広がったＳＧＩは、今日、アメリカ合衆国のみならずそれぞれの地で、いかにそれぞれの歩みを堅実なものとしているのだろうか。

それらについて、他日、稿を改めてまた少し詳らかにしてみたい。

おわりに　アメリカ社会と日蓮仏法――その親和性

1　唱題行のポテンシャル

なぜ、アメリカ合衆国に日蓮仏法が根付くことができたのか、教えの特質のいくつかに焦点を当て、若干の考察を行って本書のまとめとしよう。

創価学会員の、そしてSGI-USAメンバーの、もっとも基本となる信仰実践は、勤行である。しかしながら、この勤行について従来の宗教社会学的な検討は、決して十分ではないだろう[1]。

勤行は、法華経の方便・寿量品の読誦と題目（南無妙法蓮華経：Nam-myoho-renge-kyo）を唱える唱題行からなるが、両者は渾然一体としたものでなく、成り立ちと位置づけも異なり、区別される。日蓮は、唱題行が「正行《しょうぎょう》」であり、読経は「助行《じょぎょう》」であると定めている。中心となる行が唱題行であり、それを助ける行が読経ということである。この関係について、日寛は、「塩酢の米麺の味を助くるが如し」（『六巻抄』）と述べている[2]。これを戸田は、唱題が主食、読経が副食であるとパラフレーズしている。

さらに池田は、ユーモアたっぷりな説明を加えている。

> 美しい女性が通ると、男性は振り返る（笑い）。ハンサムな男性がいると、女性が世話をやきたがる（笑い）。それに似て、勤行で生命を美しく磨いた人がいると、十方の仏菩薩・諸天善神が群がるように、その人をたたえつつ、守ろうと働いていくのである。
> その意味で、勤行は生命の〝お化粧〟（笑い）ともいえるかもしれない。
> また勤行は、生命の〝食事〟である。唱題は主食、方便・寿量品の読誦は副食、両方がたがいに補い合って、味をよくしていく。この食事を朝夕とり、栄養をつけることによって、仏界の生命力を増加させていく。成仏していくことができる。（池田 2008: 103）

主食である唱題行とは、題目を唱えることであるが、創価学会員の信仰実践の基本は、通例、日蓮が図顕した曼荼羅を代々の日蓮正宗法主が書写した御本尊を安置した仏壇の前で、朝と夕に一日に二度、唱題と法華経の方便・寿量品の読誦を行うことである[3]。

信仰実践ということでは、上記以外に、必要に応じ（危急の課題や問題や悩みごとに直面した際など、その成就や解決を願って＝功徳を求めて）、ときに百万遍唱題（一日三時間唱えても、達成には約三ヵ月かかる）のような特別な唱題行も行われるが、朝夕の唱題と方便・寿量品の読誦からなる勤行は、およそ十分間ほどを要するだけである。

とくに正行である唱題行は、学会員およびSGIメンバーのもっとも基本となる信仰実践であるが、それ自体は驚くほど簡便なのである。誰でも、その気になれば、すぐにいつでも、どこでも行うことができる容易な修行＝「易行《いぎょう》」なのである。この点は非常に重要である。

池田は、さらに、「たまに、どうしても勤行ができなかったり、…唱題だけしかできない場合もあるかもしれない。だからといって、信心があるかぎり、決して罰などは出ない」とも述べている（池田 2008: 103）。

つまり、創価学会員の宗教行為の核心である唱題行が、きわめてシンプルな実践であり、かつ融通がきくことは、その教えが国境や民族や文化の壁を越えて、今日では、世界192ヵ国・地域に広まるのに寄与した重要な要因の一つであるはずであるが、それについてはすぐまた後に述べる。

さて、助行である読経は、法華経「方便品第二」と「寿量品第十六」が読み上げられるが、それは元来、大石寺での僧侶の行法が原型であり、それが創価学会員の行法としても採り入れられたものである。大雑把に説明すると、最初は（2004年9月以前）五座三座（朝に五回・夜に三回）という宗門にならった形式で行われたが、その後は朝も夜も一回ずつになり、さらに近年、勤行の前後に念じられる「御祈念文」が改められた（2015年11月）[4]。

要約すると、五座三座の勤行は宗門発祥の行法であり、日蓮が定めたものでないことから、結局、創価学会は歴史を経るにつれ、勤行における読経の重みをしだいに減少させてきた。このことは、漢訳法華経を読誦する回数や分量を減らすことになったので、海外会員にとって勤行の難しさを減少させたことは明らかである。

勤行についてさらに詳論すべき点もあるが、紙幅の都合があるので、ここでその特質を優先して考えるべきは、要は、読経ではなく唱題行であることを確認し前へ進もう。

日蓮は、七字の題目、すなわち「南無妙法蓮華経」を唱えること、つまり唱題行を「正行」として確立したが、その字義どおりの意味は、鳩摩羅什が漢訳した「妙法蓮華経」の教えに帰依することということである。

それでは、なぜ題目を唱えることで成仏、つまり救済へと導かれるのであろうか。また、それは、そもそもいかなる救済なのであろうか。大問題であるので、試論にすぎないが、若干の検討をしておきたい。

日蓮は、同時代の他宗の教えを「念仏無間、禅天魔、真言亡国、律国賊」という、いわゆる四箇格言によって批判したことで知られている[5]。この批判は、もちろん南都仏教や真言宗系も含むが、叡山系への批判も含むものであったという。とくに、天台の密教化への厳しい批判があったという（末木2000: 33）。日蓮のその全体の意図がどのようなものであったかは、もちろん本書の射程外にあるが、その言動によって、日蓮がきわめて論争的で、あるいは他宗に批判的で、対立的であったという印象は拭えないかもしれない。

また、これらの事情などから、鎌倉仏教において、諸宗派が激しく覇を競うかのような構図もおのずと浮かぶようであるが、じつは、同時代を生きた鎌倉仏教の祖師たちの教えは、少し引いたところから眺めると、非常に大事な点で共通性があることが見えてくる。

それは例えば、日蓮が批判した念仏、つまり口称念仏《くしょう》（または称名念仏、「南無阿弥陀仏」と称えること）は、法然がたどり着いた究極の往生の方法であり、その忠実なる弟子たることを宣する親鸞によっても引き継がれたが（梅原 1983: 50）、易行という点で、日蓮における唱題と口称念仏はきわめて相似的であり、両者を比較したい誘惑に駆られる。

大胆に述べれば、両者は、それまでの仏教の歴史や教理を敢然と素っ飛ばすかのように（梅原 1993: 49）、直截に極楽往生や即身成仏、あるいは一生成仏という救済を説いた点で重なっているだろう。

つまり、仏教学や日本宗教史の専門家でない立場で、ここで強調したいことは、そのテーマや経路は異なるにしても、その気になれば、誰にでもすぐ見出すことができる救済へ至る道標が、この時代の祖師たちによって明示されたことが、非常に革新的であったということである。

そして、口称念仏に即し、梅原猛が指摘した事情は、唱題においても成立するのではないか。以下のように梅原は、源信の念仏から、法然の口称念仏への変化、あるいは「発展」を論じている（梅原 1993: 46-9）。

恵心僧都源信は、『往生要集』によってその名を知られる平安時代中期の天台宗の僧であるが、浄土思想をわが国に広め、日本仏教に決定的な影響を与えた。法然もまた『往生要集』によって善導の浄土思想を学んだという。

浄土思想とは、苦の世界を離れ（厭離穢土）、極楽往生（欣求浄土）を説く思想である。浄土、とくに西方はるか彼方に、阿弥陀仏という無量の光と永遠の生命を持つ仏がましますす極楽浄土という最上・最高の浄土があって、人間も死ぬと、この極楽浄土へ行くことができるという。

では、どうしたら、極楽浄土へ往生することができるのか、その方法が問題となる。源信の場合は「観想の念仏」を主張したが、それは、ひたすら阿弥陀仏の極楽浄土を思い続けると、ついに阿弥陀浄土が眼前にありありと現出するという。そういう念仏の行を積むと、臨終のとき、阿弥陀仏が多くの菩薩を連れて迎えに来るのが見えるという。源信は、こういう念仏を主として極楽往生を主張した。
しかしながら、源信の念仏にともなうある困難さを、若き日の梅原は、以下のように鋭く、かつ興味深く指摘している（梅原 1983: 88-9）。

源信においても、念仏とはまず仏を思い浮かべることであった。つまり仏のイマジネーションとしての念仏なのである。しかし、仏を思い浮かべるには、仏の名を呼ぶことが助けとなる。われわれが恋人を思い浮かべるためには、恋人の名を呼ぶことが助けとなるのと同じである。ここで名を呼ぶのは、明らかに思い浮かべる手段であった。しかし、思い浮かべるというようなむつかしい行をするより、名を呼んだほうが簡単ではないか。阿弥陀仏の慈悲への信仰が強くなればなるほど、かえってその方法はかんたんとなる。そして法然において、念仏とはもっぱら南無阿弥陀仏ととなえることとなる。

万巻の書物を読み解いた、知恵の人であった法然がたどり着いたところが、口称念仏であったことを、梅原は非常に明快に述べている。法然は、われら末世の罪深い民は、自力によって救われるなどとは思いもよらぬ。他力を信ぜよ、つまり浄土信仰に徹すべし、と説いた。そして、浄土へ行く方法として、南無阿弥陀仏と口で念仏を唱えることが正行《しょうぎょう》であり、他は雑行《ぞうぎょう》とした。

唱題行を論じるのに、ここまで、なぜこのように議論を迂回させねばならないか。それは、ひとえに浅学非才ゆえ、七字の題目に自足し行論を十分つくすことができないからであるが、しかしながら、日蓮が唱題行を正行としたことと、法然が口称念仏を正行としたことはパラレルな関係にあるのではないかと考えるからである[6]。

つまり、字義的には「妙法蓮華経」の教えに帰依するという意味である唱題が正行とされ、字義的な意味以上の重要性が生まれる点で[7]、口称念仏の成立とよく似た関係にあるのではないだろうか。そして、それこそが、この時代、日本仏教が達成した「易行」であり、救済の広範化ともいえるはずである。

では、唱題行においては、いかにして、どのような救いが得られるのか。

「唱題行こそが、仏界湧現の直道」であるとは池田の言であるが、それはまた「生命変革をもたらす最高の仏道修行」であるという（池田 2007b: 37）。

ではなぜ、生命変革が生じるのか、それが非常に重要である。

日蓮は「我が己心《こしん》の妙法蓮華経を本尊とあがめ奉りて我が己心中の仏性・南無妙法蓮華経とよびよばれて顕れ給う処《ところ》を仏とは云うなり」と述べている（御書：557）が、ここでポイントは二つある。一つは、皆、自分自身（己心）の中に、妙法蓮華経という仏性が存するという指摘であり（Ikeda 2007: 7-8）、もう一つは、その自分自身の中の仏性は「よびよばれて」顕現することである。いったい誰に呼ばれるのであろうか。

日蓮は、有名な譬喩によってこれを説明している（池田 2007b: 53）。

> 譬えば籠の中の鳥なけば空とぶ鳥のよばれて集まるが如し、空とぶ鳥の集まれば籠の中の鳥も出でんとするが如し口に妙法をよび奉れば我が身の仏性もよばれて必ず顕れ給ふ（「法華初心成仏抄」）（御書：557）

籠の中で鳴く鳥と、外で鳴く鳥が呼び合う、切ない光景が浮かぶ。その切なく呼ぶ鳴き声こそ「無明・煩悩に束縛された衆生が信心を起こして唱える題目」であり（池田 2007b: 53）、その鳴き声に応えるように、「我が身の仏性もよばれて必ず顕れ給ふ」という、きわめて力強い表現で結ばれている。私たちは、この一節に接するだけで、あるがままで肯定される、そういう全能の力に包まれるようだ。

日蓮は、もう一点、やはり有名な鳥の譬え、今度は母鳥と卵の譬喩によって、唱題が開く可能性をさらに説明している。

> 譬えば鳥の卵は始《はじ》めは水なり其《そ》の水の中より誰か・なすとも・なけれども嘴《くちばし》よ目よと厳《かざ》り出来《いでき》て虚空にかける《翔》が如し、我等も無明の卵にして・あさましき身なれども南妙法蓮華経の唱えの母にあたため《暖》られ・まいらせて三十二相の嘴出《い》でて八十種好《しゅこう》の鎧毛《よろいげ》生《おい》そろひて実相真如の虚空にかけるべし（「新池《にいけ》御書」）（御書：1443）

つまり、最初は中味が水しかないような鳥の卵が母鳥に温められて、しだいに嘴や目や鎧毛が出来てきて、やがて大空を飛翔するようにまでなる。それと同じように、南妙法蓮華経の題目という母鳥に温められて、無明の衆生である私たちもまた仏性を顕し、成仏することができると述べられている。皆に備わっていながら、なかなかその存在に気づくことのできない、そういう仏性が「よびよばれる」ことを可能にすることこそが題目の力能なのである（池田 2007b: 54; Ikeda 2007: 34-5）。

題目と仏性の顕現と成仏について、日蓮のメタファーを借りて紹介したにすぎないが、ここまで概観してみると、私たちは、題目によって得られる自己肯定感、あるいは自己実現の可能性が開かれる充実感の、その一端を知ることができるのではないかと思う。

そして、その明朗な充実感こそが、今日192ヵ国・地域の人びとに題目が唱えられている、その理由なのではないだろうか。

2　一生成仏という救い

さて、日蓮に由来する教えがSGI-USAにおいてどのような救いを生み出しているのか、簡潔にであるが、もう一点指摘し、本書を閉じることにしよう。

最後に、再び「近隣の街」シカゴでのエピソードから紹介してみたい。

ハンナさんは、1951年に現在のシカゴ文化会館の近くで生まれたユダヤ人女性であるが、厳格なユダヤ教徒として育ったわけではないという[8]。それでも、長兄はヒブル（伝統的なユダヤ）学校に通わせられたということで学費の安い公立校に行かせられたという)、家庭にはユダヤの宗教規範・文化伝統が浸透していたと考えてよいだろう。

それでは、ユダヤ人として生きるとは、どのような世界観や社会観、あるいは人生観を抱いて生きることなのか、ハンナさんは述懐している。

ユダヤ人であるというバックグラウンドには二つの要素があって、一つには宗教の世界、もう一つは、家族や生活の世界という二側面がある。そういう二つの観点から考えて、私の人生は、それまで(この信仰を知るまで)、本当に、希望というものを感じることができなかったのです。

教育も受けてきたし、それなりに将来への期待もありました。家族の自分に対する期待も感じていました。結婚してほしい、子供ももってほしいとか、仕事に関しても、望めばどんな仕事でもできるという家庭環境にあったと思いますが、一度も家族の中に溶け込めない、馴染めないという思いが拭えませんでした。

私は(1977年の入信)当時27歳で、結婚もまだしていませんでした。そういったとき、仏法に出会い、何があっても絶対に幸せになれるんだという希望を、実際に本当に感じることができたのです。

なぜ、ハンナさんは、日蓮仏法との出会いによって希望を感じたのであろうか。それを知るために、なぜ、それまで希望を感じることができなかったのか、その背景を考えてみたい。

ユダヤ人の民族宗教であるユダヤ教の、その歴史を紐解くと、私たち日本人が普段はなかなか意識することのない、ある重要な特徴に気がつく。それは、苦難の神義論をもつ宗教であるということである。マックス・ウェーバーは、幸福の神義論と苦難の神義論を対比し、以下のように述べている（ウェーバー 1972: 40-2）。

苦難は、神に憎まれていることとの徴候、または隠れた罪過の印《しるし》だとされるが、そもそも幸福な人間は自分が幸福を得ているという事実だけではなかなか満足しない。それ以上に彼は、自分が幸福であることの正当性をも要求するようになる。自分はその幸福に「値する」人間だとの確信が得たくなるのである。

したがってまた、彼は、自分より幸福でない者が、自分と同じだけの幸福をもっていないのは、やはり、それがその人にふさわしい状態にあるにすぎないと考えることができることを願うようになる。このようにして、自分の幸福を「正当な」ものにしようと欲するのである。これが幸福の神義論と呼ばれるものである。

逆に、苦難の神義論は、苦難にある人びとがなにゆえそのような運命にあるのか、その苦難の隠された真の意味を知り、またその必然性を理解し、神によって与えられた試練に応えることを使命として生きるべきとされる。

まさに、出エジプトから数えれば三千年以上の永きにわたり、ほとんど苦難の途切れることなく連続するユダヤの民の歴史を振り返るとき、ヤハウェは全知全能の神であるのに、なぜかくも苛烈な試練を課し続けるのかという問いが生じるのは必然的かもしれない。

世界を創造し、支配しているヤハウェであるから、ヤハウェによって与えられた苦難には必然的な意味があり、その責任はすべてわれわれ＝ユダヤ民族にあり、ヤハウェとの契約（律法）を守り、それを乗り越えて生きねばならぬよう民族は運命づけられたのである。

私たちが旧約聖書を紐解くときに強く印象付けられる、神の圧倒的な存在感と人間の無力さと、そして苦難と試練に満ちたこの世の生の困難な光景は、まさに苦難の神義論に色濃く塗り込められたユダヤの民の世界像である。

ユダヤ教は、厳密な宗教法（律法）という特徴をもっている。それは、衣食住、暦、刑法民法商法家族法など、日常生活の一切合切におよぶ。律法こそ、ユダヤ人が、ディアスポラ後、世界中に離散し居住するようになっても、行き先の各々で「ゲットー」と呼ばれる隔離された共同体をつくり生活せざるを得なかった理由である。つまり、他民族とは共有できない、律法にもとづく社会生活を遵守しなければならなかったからである。

例えば、「カシュルート」が正式名称であるが、「コーシャー」と通称される食物の清浄規定は、今日でも厳格である。食品はその材料や種類、入手ルート、調理に煩瑣な種々の制限がある。

また、日に三回お祈りを捧げなければならないし、安息日には、一切の労働をしてはならないだけでなく、食事の煮炊きをしないこと、車に乗らないことなど一切の機械類に触れることもできないし、自分自身を見つめ、自己や家族と対話したり、静かに祈って過ごさねばならない。

安息日には車に乗れないので、祈りの場であるシナゴーグまで歩いていかねばならず、歩いて行ける範囲に居住する必要がある。これら生活万般に関わる厳格な慣習が、ゲットーという地理的隔離、そしてユダヤ人の孤立を生み出したのである。

地理的孤立は、精神的孤立と分かちがたく結びついていることを、シカゴ学派社会学を代表する一人、ルイス・ワースは古典的な業績となった『ゲットー』において指摘している。

ユダヤ人の孤立は、身体的な質《たち》から起生したのではなく、……言語、習慣、情緒、伝統および社会形態の相違のために、相互コミュニケーションの欠落により起生した孤独のタイプであった。……ゲットーとは物理的事実であるよりも、むしろ精神の状態なのである。（ワース 1993: 345）

そして、この二重の孤立から逃れることは難しい。

ユダヤ人にとって、ユダヤ人としての義務から脱出する道はないのである。自分の祖先からの逃亡は不可能であり、おのれをかくまう場所はない。かれの家族との血のつながりは、かれが理解するよりも、水よりも濃く、また水よりも濃いのだと認識する以上に強固である。出生のいわれという足かせは永遠である。（ワース 1993: 332）

じつはシカゴは、アメリカ合衆国においてユダヤ人が抜きん出て多いニューヨークに次ぐ集住地である。そのシカゴで生育したハンナさんが、ユダヤ人として負わなければならなかったものが何であったのかをここまで描いてきた。

それは、一方では、ユダヤ教の特色ある神義論に由来する、過酷なこの世を生きる困難さ、あるいは、現世は苦難と分かちがたく結びついているという世界認識である。それは、ウェーバーが「現世否定的」と呼んだ宗教の特徴である[9]。

もう一方は、家族や地域の社会生活の、そして精神的な孤立状況である。ユダヤ人として生きる限り、社会的ネットワークを開き拡大することが原理的に困難であるという状況がもたらす孤立感やある種の絶望感から、ハンナさんは逃れることができなかった。それが、「一度も家族の中に溶け込めない、馴染めないという思い」の正体だったのではないだろうか。

では、なぜ、「仏法に出会い、何があっても絶対に幸せになれるんだという希望を、実際に本当に感じることができた」のであろうか。

ハンナさんが、最初に座談会に行ったのは、若い男性に誘われたことがきっかけだった。ちょっと惹かれるところがあったので、会合に行けばまた会えるかなと思って、それで行ってみたのだという。ところが、いざ座談会に行ってみると、会合がとても面白くて、その素敵な男性のことなどすっかり忘れてしまったという。

ハンナさんが最初に驚いたのは、(第3章でもシカゴについて述べたとき指摘したことだが)座談会では、「一つの部屋に一緒にいるべきでない、バックグラウンドの違う、生きる世界の違う人びとが、一緒にまとまっていることに」驚きながら、同時にそれがとても魅力的だったという。「近隣の街」シカゴの住民が一堂に会する機会はそう多くないことをすでに述べたが、この当時から、座談会にはさまざまな民族や出自の人びとが集まっていた。

さらに、ハンナさんが、もう一つ強く心を揺すぶられたのは、座談会の中心者が話す、「十界互具《じっかいごぐ》」と「一念三千《いちねんさんぜん》」という、じつに新鮮で驚くべき理論であり、瞬時にその考えに魅了されてしまったのである。[10]

天台智顗の『摩訶止観』に説かれる「一念三千」は、われわれの日常のごくわずかの心（一念）の中にも、全世界の真理が含まれているという考えである。まず、生ある存在の十の世界（十界、十法界。地獄・餓鬼・畜生・修羅・人・天・声聞・縁覚・菩薩・仏）のそれぞれが、自らのうちにまたその十の世界を具えている（十界互具＝百界）。地獄に苦しむ者にも仏の要素はあるし、仏であっても地獄の要素を自らのうちに持っていなければ、地獄に苦しむものを救うことはできない。われわれのうちにも、地獄から仏に至るすべての要素があるのであるという。[11]

一念三千の「三千」は、百界のそれぞれの世界が十の範疇（十如是＝相・性・体・力・作・因・縁・果・報・本末究竟等）を具え、そのそれぞれがまた三世間《せけん》（衆生世間・国土世間・五陰《ごおん》世間）を具えているというものである。したがって、われわれのわずかな心のはたらきにこの三千が具わっているというのが一念三千である。日蓮は、この一念三千論を天台哲学のもっとも中核として捉えたという。

なぜ、ハンナさんが、あっという間に十界互具と一念三千に魅せられたのか、その理由が分かるだろうか。

ハンナさんは、これらの理論を知ったとき目からウロコが落ちるように、苦難に満ちた現世否定的な世界観と、社会的・精神的な孤立状況から脱出し、初めて希望と幸福へと至ることのできる道筋を見出したのであった。

「仏法は変えていこうとする。自分の中でハッピーと感じられないことがあれば、それを変えてハッピーになっていく。前に進んでいく」ことができるという確信を得たのであった。

ハンナさんがつかんだ確信は、「一生成仏抄」の非常に有名な、朗々たる一節に述べられている、まさにそのものである。


衆生の心けがるれば土《ど》もけがれ心清《きよ》ければ土も清しとて浄土と云ひ穢《え》土と云うも土に二《ふたつ》の隔《へだて》なし只《ただ》我等が心の善悪によると見えたり、衆生と云うも仏《ほとけ》と云うも亦此《またか》くの如し迷う時は衆生と名《なづ》け悟る時をば仏と名けたり（御書：384）

「浄土と云ひ穢土と云うも土に二の隔てなし」という一節に、ハンナさんが接したときに受けたであろう大きな衝撃は想像に難くない。「迷う時は衆生と名け悟る時をば仏と名けたり」という言明も、ハンナさんを大きく励ましたはずである。

現世と現実社会において、希望を見出すことができなかったハンナさんが、またたく間にこの信仰に魅せられたのは、このような「一生成仏」の思想、つまり、この世で悟る＝幸福になることができるという、現世肯定的な思想によるところが非常に大きかったはずである。

入信後まもなくフェイズ2が始まるが、ハンナさんは揺らぐことなく信心を保ち今に至っている。その信仰心篤いハンナさんが「ユダヤ（人のため）の御書」と名づけたお気に入りの一文がある。これも名高い御文であるが、ユダヤ人が接するときその行間から、日本人には知る由もない新たな意味と価値が生み出されることに非常に興味が湧く。そして、そこからグローバリゼーション時代における「SGIブディズム（SGI Buddhism）」の可能性を垣間見ることもできるようである。

ハンナさんがお気に入りの「ユダヤの御書」とは、信心強盛な弟子として知られる四条金吾に宛て、日蓮が建治二年六月に記した書状であり、その英訳タイトルは、まさに“Happiness in This World（この世の幸せ）”となっている（御書：1143・WND 1999: 681）。

> 一切衆生・南無妙法蓮華経と唱うるより外の遊楽《ゆうらく》なきなり経に云く「衆生所遊楽《しゅじょうしょゆうらく》」云云、此の文《もん》・あに自受法楽《じじゅほうらく》にあらずや、衆生のうちに貴殿もれ給うべきや、所とは一閻浮提《いちえんぶだい》なり日本国は閻浮提の内なり、遊楽とは我等が色心依正ともに一念三千・自受用身の仏にあらずや、法華経を持ち奉るより外に遊楽はなし現世安穏・後生善処とは是なり、ただ世間の留難来るとも・とりあへ給うべからず、賢人・聖人も此の事はのがれず、ただ女房と酒うちのみて南無妙法蓮華経と・となへ給へ、苦をば苦とさとり楽をば楽とひらき苦楽ともに思い合わせて南無妙法蓮華経とうちとな《唱》へゐ《居》させ給へ、これあに自受法楽にあらずや、いよいよ強盛の信力をいたし給へ、恐恐謹言。

ハンナさんは、あるとき結婚式でスピーチする機会があり、ユダヤ人ばかりの列席者に向かって、日蓮の名を伏せ、南無妙法蓮華経は省いて、この“Happiness in This World”を紹介したのだという。ユダヤ人には、そのタイトルだけでも魅力的であったはずであるが、「苦をば苦とさとり楽をば楽とひらき苦楽ともに思い合わせて（Suffer what there is to suffer, enjoy what there is to enjoy. Regard both suffering and joy as facts of life）」のあたりで、一同の感激が昂まり、「なんて素晴らしいスピーチなの！」「なんて励まされる言葉なの！」と絶賛され、そして、皆はうっとりとなり、まるで溶けてしまったかのような様子だったという。

皆が陶然としたのは、宗教の教説が語られるとき、遊楽（enjoy）や楽（joy）という言葉に接した経験がない、またそれらが肯定された経験がない、そういう人びとに非常に大きなインパクトとなったからである。

「衆生所遊楽」は、「衆生の遊楽する所なり」と読み下す。法華経如来寿量品第十六の文《もん》である。寿量品では、この娑婆世界（現実世界）こそ寂光土であると説かれ、苦悩が充満する現実世界こそが、衆生の最高の遊楽する場であると明らかにされている。これをパラフレーズして、戸田は、「この世に遊びに来た」つもりで明るく生きよと語っていたという。（池田 2007b: 23）

ハンナさんは、「女房と酒うちのみて南無妙法蓮華経と・となへ給へ」の「南無妙法蓮華経」は省略したというが、「女房と酒うちのみて（Drink sake only at home with your wife）」のあたりで、聴衆はびっくりしながら目を白黒させて、その陽気で快活な調子に感動したにちがいない。このあたりの一節は、十三世紀日本の文章であるとはにわかに信じられないほど今日もなお新鮮である。

"Happiness in This World" に、ハンナさんとユダヤの人びとが感動したのは、そこに貫かれた現世肯定的な思想と、積極性あふれる生活態度を招来するオプティミズムなのだと考えられるだろう。

そして、それが、日蓮に由来する「ＳＧＩブディズム」の魅力なのであり、アメリカ合衆国というユダヤ＝キリスト教をベースとする宗教文化伝統に根ざした国土において、信仰者を獲得してきた大きな要因の一つであると思われる。

以上、本書の結びに、補足的に唱題の意義と、一生成仏という現世的救済観について述べ、日蓮仏法が二十一世紀、「ＳＧＩブディズム」としてグローバルに展開する、その理論的な根拠の一端を教示したつもりである。しかしながら、その全面的な検討を行うにはまだまだ準備が不十分なので、これまた他日を期し、ひとまず筆を擱くこととする。

あとがき

「隔世の感」という言葉を、こんなに実感をもって使えることは、めったにないと思う。異色の日本人論、ホワイティング著『菊とバット』が出版されたのは1977年であった。最近では同書が言及されることはほとんどないが、ふと思い出したのには理由がある。

ホワイティングは、ベースボールと野球がまったく別物であること、つまり、野球には武士道や根性や面子など「日本精神」が抜きがたく染み込んでいることを指摘した。

一つだけ挙げると、かつて日本では、先発・中継ぎ・抑えの投手の分業や、登板のローテーションなどが存在しなかった。だから、例えば西鉄の「神様・仏様・稲尾様」と呼ばれた稲尾や、阪神の「ザトペック投法」村山やあの江夏などの往年の名投手たちは、ときにものすごい連続登板、そして勝利を記録しているが、じつは短命であったといってよい。「根性」で酷使に耐えながら、しかし燃え尽きてしまったのである。

ベースボールと野球の関係は、日蓮仏法とSGIブディズムの関係に似ているのではないかと、ふと思った次第である。今あらためて、1960年に始まる創価学会の海外布教の歴史の長さを感じるとともに、その教えが「アメリカ化」するために経験した苦闘に思いをいたす次第である。

2005年春、第十九回IAHR（International Association for the History of Religions: 国際宗教学宗教史学会）が東京で開催され参加したが、それが縁となり、創価学会国際広報局（当時）の寺崎広嗣さんと長岡良幸さんの知遇を得た。そこで創価学会の海外布教を研究したいこと、まずはとくに歴史の長いSGI-USA調査をしたい旨をお伝えした。すると、「客観的・実証的な研究」であるならば協力しましょうと、ご快諾いただいた。

寺崎さんと長岡さんをはじめ、国際広報局のスタッフの多くの皆様には、まことに大変お世話になり深謝する次第である。2005年から2015年までの間、15回にわたりアメリカ合衆国各地を訪れ調査を行ったが、そのつど、目的に沿ったデータを提供していただける機会をアレンジしていただいた。重ねて篤く御礼申し上げる。

さて、謝辞を申し上げなければならない方々を一人ひとり思い浮かべると、きわめて長大なリストになるので、まことに大変心苦しいことであるが、そのほとんどを割愛させていただかざるをえない。2005年8月ホノルルを皮切りに、約60人ほどのSGI-USAメンバーにインタビューさせていただき、何人かの方には、複数回お願いした。短時間の場合を含めれば、お会いしたりお話をうかがった方々の総数は相当な人数にのぼる。

本書で直接用いたインタビューはごく一部の方のものなので、非常にもったいないことであるが、その贅沢さのいくらかは「質」に転化させることができたのではないかと考えている。

直接引用したインタビューは、シンボリックで重要な位置を占めるケースであったり、ある社会的なカテゴリーを代表するものであったり、またSGI-USAの歴史の中で大きな意義をもったイベントを担った人物の事例であったりするものが中心である。このような、貴重なデータを得ることのできたインタビューの機会をいただけたことに、重ねて心より御礼申し上げる。

ただ、悔やまれることは、パイオニア・メンバーで、お会いした何人かの方が近年ご逝去されたことである。アメリカ広布史の一ページ目をかざる方々に直接うかがったお話は、非常に有意義で興味深いと同時に、ときに血湧き肉躍るほど面白かった。しかし、本書の出版を約しながら、お目にかけることがかなわず、残念きわまりない。いくらかでも本書がご恩に報いていることを祈っている。

SGI-USAのダニエル・ナガシマ前理事長をはじめ、サンタモニカのウィルシャー通りに面した、ヘッドオフィスである「プラザ」に勤務するスタッフの皆様にも心より篤く御礼を申し上げる。長期間何度もまことにお世話になった。

サンタモニカを初めて訪れたのは2006年6月だった。ロサンゼルス国際空港で迎えてくださったのは、ケイ吉川さんだった。初訪問のとき以来、プラザを起点とした調査をバックアップしていただいた。

プラザのスタッフではもう一人、アン・ミクスさんのお手も相当煩わせた。アンさんも、2016年に定年退職となったが、その前年まで、とくにプラザのライブラリでの『ワールド・トリビューン』や『リビング・ブディズム』などの記事検索を中心に非常にお世話になった。アンさんにも深謝する次第である。

2010年夏、トロント大学で開催された第二十回IAHRにおいて、本書の構想を骨子とする報告を行った。その準備のなかで、大阪大学名誉教授の塩原勉先生にお会いし、報告草稿についてコメントいただくとともに、戦後まもなくから今日にいたる創価学会の歴史についてレクチャーしていただいた。

とりまとめるのに手間取り長い時間を要したが、本書は塩原先生からいただいた宿題への返答のつもりである。先生がどのように評価してくださるか、不安と期待が相半ばしている。

末尾になるが、新曜社の塩浦暲社長にまことに深く感謝している。故堀江洪前社長にも、ご厚情をいただいたが、学術出版が非常に難しい時代にあって、今回も出版をお願いできることになり、心より篤く御礼申し上げる。定評ある学術専門書を数多く手がけている新曜社より本書を刊行していただけることは、何よりの光栄と思う次第である。

なお、本書の執筆のための調査研究は、以下の研究助成によって遂行することが可能となった。機会を与えられたことを深く謝するものである。

平成17―19年度科学研究費補助金（基盤研究（C））研究代表者：秋庭裕　研究分担者：川端亮・稲場圭信「グローバリゼーション状況における日本型新宗教の可能性についての比較社会学的検討」

平成20―22年度科学研究費補助金（基盤研究（B））研究代表者：秋庭裕　研究分担者：川端亮・稲場圭信「日本型新宗教のアメリカ合衆国における受容――グローバリゼーション下のSGIの展開」

平成23―27年度科学研究費補助金（基盤研究（B））研究代表者：秋庭裕　研究分担者：川端亮・

稲場圭信「欧米多民族社会における日本型新宗教の受容と発展―新たな共同性と宗教の役割」

本書作成のための調査研究は、秋庭・川端・稲場の三名で行い、緊密な議論の下、秋庭が執筆した。

また本書の大部分は書き下ろしたが、原型となった論文のあるものの初出は以下のとおりである。なお、修正や変更で面影をとどめないものも多い。

秋庭裕・川端亮　２００８「ハワイからスタートしたＳＧＩ」『宗教と現代がわかる本　２００８』平凡社、168-73.

秋庭裕　２０１４「ＳＧＩ-ＵＳＡの50年（１）ハワイから西海岸まで　――　アメリカ合衆国における創価学会インタナショナル」『人間科学：大阪府立大学紀要』第９号、63-99.

秋庭裕　２０１７「ＳＧＩ-ＵＳＡの55年（２）70年代、成熟から停滞へ」『人間科学：大阪府立大学紀要』第12号、103-57.

川端亮・秋庭裕・稲場圭信　２０１０「ＳＧＩ-ＵＳＡにおけるアメリカ化の進展　――　多民族社会における会員のインタビューから」『宗教と社会』第16号、89-110.

２０１７年５月

秋庭　裕

注

はじめに

［1］http: //www.toyota.co.jp/jpn/company/history/75years/data/automotive_business/sales/dealerships/overseas/index.html（2017/3/26 閲覧。数字は２０１１年末現在。国によっては複数の販売拠点があるので、厳密には世界１７２ヵ国に広がっているわけではない。）

［2］この点について詳細は、秋庭・川端（2004）を参照のこと。

第1章 ハワイから西海岸へ

［1］本書の記述のスタイル、その方法論的根拠については、秋庭・川端（2004: 1-35）を参照のこと。

［2］池田の手になる『人間革命』は、戸田城聖を主人公として戦後の創価学会の歩みを鳥瞰する長編小説である。その冒頭は「戦争ほど、残酷なものはない。戦争ほど、悲惨なものはない。」という書き出しで始まるが、それが沖縄において執筆開始されたことがしばしば強調されている。「もっとも日本列島のなかで、悲惨と苦渋をなめた沖縄の地でしたためたいと思ったのである」。ここに池田の思念が凝縮されているだろう。池田（1975: 143-4）に詳しい。また、『聖教新聞』２０１３年7月16日二面も参照のこと。

［3］沖縄への出発の前日（7月15日）に学会本部庶務部に「海外係」が設置されている（年譜 2005: 16）。

［4］トミー・オダさん（仮名）へのインタビューは、奥様とともに2006年1月29日および2009年5月23日にホノルルのSGIハワイ文化会館で行った。

［5］朝鮮戦争（1950－3）において、日本は国連軍＝米軍の兵站基地となり、多くの兵士が駐留した。

［6］エミリーさん（仮名）へのインタビューは、2005年12月29日および2006年1月28日にホノルルのSGIハワイ文化会館で行った。

［7］年譜（2005: 248）では約2万5千世帯と記されているが、上藤・大野編（1975: 263）では約1万5千世帯となっている。また、ハモンド・マハチェク（2000: 64）では、4千人となっている。これらの会員数の推計の仕方については、前掲書を参照のこと。

［8］正本堂の「内部の大空間には柱がない。構造表現主義は、構造を表現の要とするデザインをいう。近代建築は装飾を否定し、構造を正直に見せることに美を見出したが、正本堂はこうしたデザインの系譜にある」（五十嵐 2001: 185）。また五十嵐は、正本堂が構造表現主義の建造物として代々木国立競技場に比肩しうるものだとも述べている（2001: 186）。

［9］下種とは、種を下ろすこと、つまり、人びとに成仏の因となる妙法を初めて説き聞かせることをいう（『聖教新聞』2007年12月8日六面）。

［10］エスニック・チャーチとは、一民族集団のメンバーのみからなる教会ということ。アメリカ合衆国の多くの教会はエスニック・チャーチである（堀内 2010）。

［11］当時はNSAの名称が用いられた。SGIが用いられるようになったのは1991年の宗門との訣別以

降である。

［12］カズエ・エリオットさんへのインタビューは、２００７年2月17日サンタモニカのＳＧＩプラザで実施した。また、カズエさんの事跡は、江成（1981: 93-6 および 2000: 60-1）でも紹介されている。

［13］復員兵援護法（"G.I. Bill"）による復員軍人奨学金のこと。

［14］創価学会には、壮年部・婦人部・青年部・男子部・女子部のいわゆる四者組織が特徴的である（青年部は、男子部と女子部からなるので五者とは言わない）。アメリカ合衆国においても、これら四者は導入され基本的に維持されている。四者は、性別と年齢階梯という、伝統的な日本文化においては違和感の少ない原理にもとづいて構成されているが、アメリカ合衆国においてはこれらは特異な組織原理である点は注意が必要である。この点についても後述する。

［15］マイク・キクムラさんへのインタビューは、２００６年6月27日サンタモニカのＳＧＩプラザで実施した。

［16］WT 'Learning From the Heart of My Mentor', Oct. 2, 2013: 15-7.

［17］「第三の人生に先駆」日本語試訳版（WT, 発行年不詳）。

［18］聖教新聞ロサンゼルス支局の設置は、１９６３年2月である。

［19］英語のみで座談会が行われるようになるのは１９６７年からである。

［20］この１９６０年の初版は未見。１９６６年に増補改訂新版の "The Nichiren Shoshu Sokagakkai"（The Seikyo Press 1966）は、６章からなり、創価学会の概略と歴史、仏教の歴史、日蓮大聖人の教え、池田会長の講義、折伏の手引、質疑応答からなっている。全体で２１７ページとかなり大部であり、初版から相

当増補されていると思われるが、それでも初の英語の出版の初版で何を伝えようとしたのかその構成から想像できる。

[21] 1963年5月3日に週刊となる。

[22] これはA6判、14頁で、第1巻「創価学会とは」、第2巻「創価学会の歴史」、第3巻「学会員の活動」からなる（年譜 2005: 130）。

[23] 『ワールド・トリビューン』はタブロイド判、創刊時は月2回刊、英語4頁、日本語2頁だった。1965年4月より週刊になる。また8月からは週3回刊となる。『聖教タイムス』は月刊で、1965年1月1日の創刊。最初の御書の翻訳は、『聖教タイムス』1966年7月号に掲載された「経王殿御返事」である。

[24] 登山とは、この時代は本山であった宗門の富士大石寺への参詣のこと（年譜 2005: 71）。

[25] ニューヨーク支部に続き、シアトル支部も結成（19日）された。

[26] 本門とは、迹門に対する言葉。法華経二八品を前半の一四品の迹門と後半一四本の本門に分け、日蓮は本門の教えが迹門の教えに勝ることを示した。それは、とくに要の寿量品において、釈尊はインドの伽耶城近くの菩提樹下で初めて成仏したのではなく、じつははるか久遠の昔に成仏して以来、種々の姿を現して衆生を教化している永遠の仏であるという考えであり、これを「久遠実成」という（SOKA Net「教学基礎情報：五重の相対（4）本迹相対」http://www.sokanet.jp/kaiin/kisokyogaku/kijun/04.html 2015年9月24日閲覧）。また、化儀の広宣流布とは、法体の広宣流布に対する言葉、つまり、本尊流布に対し、社会へ教えを広く宣べることの意。

[27] 戸田の最晩年の1958年3月1日落成慶讃大法要が営まれる。

[28] 池田は1960年5月3日の第三代会長就任式において、戸田の七回忌までに300万世帯の達成と大客殿の建立などの方針を発表した（年譜 2003: 842）。

[29] 3月度の折伏成果の発表では、総世帯数は431万2千世帯あまりとなっている（年譜 2005: 183）。

[30] このとき日本国内では、総合本部1、地方本部8、総支部32、支部192が一挙に新設され、全国で総合本部2、地方本部42、総支部160、支部856となっている（年譜 2005: 186）。

[31] 「第六の鐘」とは、戸田が述べた「七つの鐘」構想の第六の鐘の意。1930年の創立以来、創価学会が七年を節目として大きな飛躍を遂げてきた歴史を踏まえ、7×7年後の1979年を広宣流布達成の年と定め、その日に向かって希望と勇気と確信をもって進もうと、1958年5月3日の第十八回春季総会において池田は講演している。

[32] 正本堂は、1972年10月に完成する。

[33] SGI全体の発展を理解するには、例えばヨーロッパとアジアにおける展開も対応させてそれを鳥瞰しなければならないだろう。今後の課題としたい。

[34] 1964年12月2日、沖縄において執筆が開始され、聖教新聞への連載は翌年1月1日に開始された。単行本化され、全12巻が1993年に完結した。

[35] 1964年9月にはハリウッド支部、セントルイス支部が新設され、アメリカ本部は2総支部、13支部となっている。

[36] 年譜 2005: 283.

[37] 出張御授戒は、1963年と1965年に実施された(年譜 2005: 138/140-1; ウィリアムス 1989: 235)。
[38] アメリカでは、ロスの妙法寺、ハワイの本誓寺、ワシントンDCの妙宣寺、ニューヨークの妙説寺、シカゴの妙行寺の5ヵ寺が1981年までに落慶した。ブラジルでは、1968年にサンパウロの一乗寺が建立された。
[39] アメリカ統合本部長には貞永が就任、このとき貞永は日本の創価学会の副理事長にも就任した(ウィリアムス 1989: 237、年譜 2005: 343)。
[40] 例えば、ボブ・ディラン、ジョーン・バエズ、マーロン・ブランド、チャールトン・ヘストン、マルコムX、ローザ・パークスなどの著名人が参加している。

第2章　成熟から停滞へ

[1] hippy の綴字は hippie が歴史的で一般的のようだが、おそらくゴロ合わせを強調するため、このときNSAは hippy の表記を用いている。
[2] 制作は、Min-On of America とクレジットが入っているが、これは1963年に日本において創設された民音にならって、アメリカにおいて設立されたNSAの外郭団体である。日本から歌手や俳優を招き興行を行うとともに、1972年ころまではコンベンションにおいてショーを担当していた。
[3] 「毒を変じて薬と為す」と読み下す。妙法の力によって、苦悩に支配された生命を仏の生命へと転換すること(例えば、御書: 145)。
[4] ヒッピーとサーフィンは切っても切れない関係がある。サンタモニカ・ビーチも多くのサーファーが集

まっていた。この時代の西海岸のカウンター・カルチャー全体については、UCサンタバーバラで宗教学を学んだ三浦（1999）がその雰囲気をよく伝えている。

［5］引用した"Hippy to Happy"のシナリオは、フィルムから書き起こした。

［6］本尊下付によって生ずる収入は、本山＝アメリカの正宗寺院の収入となった。

［7］ここで「日本型新宗教」とは、現世肯定的な救済観を特徴とする新宗教（島薗 1992）としておく。

［8］戦争花嫁の事例と布教初期から進められた「英語化」を再び指摘しておく。

［9］イーサン・ゲルバウムさんへのインタビューは、2008年6月30日SGI-USAニューヨーク文化会館で行った。また'Faith is Not Elsewhere'というタイトルでインタビューが紹介されている（ST. Jun. 1981: 54-5）。

［10］ユダヤ系の人びとの宗教観と世界観については、「おわりに」も参照のこと。

［11］フロリダ自然文化センター（Florida Nature and Culture Center）は、マイアミ近郊に1996年に開設されたSGI-USAの研修センター。一年間を通じ、さまざまなテーマを定めた研修会が行われている。

［12］NSAの「制服」には、時代や用途に合わせ色や形のバリエーションがあったが、いずれもウィリアムス理事長の強い意向で導入された。上着の袖に「階級章」が入ったモデルもあった。そのときは、理事長であるウィリアムスの上着は袖に四本の白線が入り、副理事長は三本、各地の中心者は二本の白線が入る。軍装にヒントを得たと思われる。

［13］麤法とは、妙法の対語で、粗雑で偏頗な法のこと。「一生成仏抄」（御書: 383）を参照のこと。

［14］「火の信心・水の信心」については、「上野殿御返事」（御書: 1544）に説かれている。

[15] 第一回全米総会は1963年8月シカゴ（参加者1500名）、第二回は1965年1月ロサンゼルス（2300名）、第三回は1966年8月ニューヨーク（3400名）、第四回は1967年8月サンフランシスコ（4000名）で開催された。

[16] NSAセミナーは、68年カリフォルニア州立大学ロサンゼルス校（UCLA）に始まり、69年には全米の16大学で、70年には28大学へ拡大し、71年に22大学、そして72年に6大学、73年に4大学で実施された。このセミナーは、著名な名門校を含むそれぞれの大学で実施された課外の特別講義のような形式で実施された。68年のUCLAでのセミナーは、一日目に体験談の発表があり、二日目にウィリアムスと教学部メンバーによる日蓮仏法の生命哲学（十界論・色心不二論・依正不二論など）の解説と質疑応答が行われている。ときには、ジャズ・バンドを入れたり、青年部のコーラスやダンスを交えたり、NSAの記録映画の上映も行われた。

[17] 77年サンフランシスコ、78年シカゴ、79年ロサンゼルス、80年と81年シカゴ、またそれ以降も87年まで実施されたが、68～76年までとは質量ともに異なるものとなった。詳しくは後述する。後年、ウィリアムス自身も「（68）年以後、NSAは、1976年まで毎年コンベンションを開催」と述べている（ウィリアムス 1989: 240）。

[18] この数字が公称であるのは、世帯数＝本尊流布数であり、また必ずしも定着した会員数ではないという意味である（ウィリアムス 1989: 231-2）。このときの定着した会員数は厳密に考えると約4千名であるという推計がある（ハモンド・マハチェク 2000: 64）。しかし、ここでは実数よりも「伸び」に着目しているので、公称の数字にも意味があると考える。

[19] このときの発表のうち、75年は当初ボストン・コンベンションとして計画されていた。それがハワイに変更された。75年の「ブルー・ハワイ・コンベンション」については後述する。75年以外については計画のとおり実施された。

[20] マリブ研修所は、フロリダ自然文化センター（1996年開設）やアメリカ創価大学（2001年開学）が設置されるまで、折々挙行されたNSAとSGIのさまざまな行事や研修の拠点として重要な舞台となった。

[21] SOKAnet「池田名誉会長の足跡」http://www.sokanet.jp/sokuseki/koyu/toynbee.html（2014年11月5日閲覧）

[22] 『二十一世紀への対話』（池田大作・トインビー 1975）は、今日では英語版（"Choose Life: A Dialogue"）など29もの言語で出版されている。

[23] 最近では、異色の思想家ともいうべき佐藤優の読解が『二十一世紀への対話』のアクチュアリティを鋭く論じ非常に興味深い（佐藤 2014）。

[24] 今日は"Art of Living"と改称。イギリスSGIの機関誌。

[25] カズオ・フジイSGI-UK副理事長へのインタビューは、2011年8月26日、および2012年12月7日ロンドン近郊のタプロー・コート総合文化センターで実施した。

[26] 本門戒壇の大御本尊とは、日蓮が弘安二（1279）年に図顕したといわれる一閻浮提総与の大御本尊と呼ばれる文字曼荼羅である。

[27] アメリカ学生部から1100人が参加。創価大学生をはじめ5000人の日本の学生も参加した（年譜

2005: 660）。

［28］同時に世界平和文化祭も行われ、20ヵ国から3000人が参加した（年譜 2005: 661）。

［29］ここでのデータは、NSA時代のコンベンションの舞台制作の責任者であった、ゲイリー・ミューリーさんへのインタビュー（2014年3月17日サンタモニカのSGIプラザで実施）による。また、後述のブルー・ハワイ・コンベンションについての記述も、このときのインタビューに多くを負っている。

［30］「民衆こそ王者 先駆者たち――中南米編（3）」『潮』2014年7月号 79頁

［31］この論点は、佐藤（2013: 254-5）に詳しい。

［32］このあたりの詳細は、例えば、「池田大作の軌跡」編纂委員会編（2007）を参照のこと。

［33］対談集は、池田・キッシンジャー（1987）。

［34］ちなみに、第一回SGI総会は、1980年10月ロサンゼルスにおいて開催された。SGI発足からこの間には、日本では宗門との大きな問題があり、アメリカでも「フェイズ2」によって組織は大きく混乱した。詳しくは後述。

［35］ブルー・ハワイ・コンベンションについては、池田（2010）の「潮流」の章が参考になる。本節の記述も一部それによっている。

［36］これは、すでに紹介したように、1973年正本堂コンベンションのときのNSAのモットーであった。

［37］塩原勉は（1976: 428-9）、すでに1965年の時点で、創価学会が対外的に「共存的転換」へと舵をとり、「安定的発展を志向する段階へと移行してゆく」と見通していた。

［38］年譜（2005: 475）の「第三十三回本部幹部会」の項目、および池田（1977a: 7-47）も参照した。

[39] いわゆる「言論出版妨害事件」であるが、おおよそはWikipediaの同項目の記述によってその流れを概観できる（２０１５年1月26日閲覧）。
[40] Parks（1985: 150）によれば、ＷＴの１９７６年9月10日付紙面（未見）。
[41] 常に大量の脱会者があったが、この時期入会者が減り、その結果会員数も減少した。
[42] 最高執行会議の創設の経緯については、Parks（1985: 150/152）も参照のこと。
[43] 当時のニューヨークの事情については、デビット・カサハラさんへのインタビュー（２００８年6月29日マンハッタンのニューヨーク文化会館で実施）による。
[44] このような当時のニューヨークのＮＳＡメンバーの特徴は、クラシックからモダン、さらにブロードウェイのダンサーなど、ステージやショービジネスに携わる人びとが非常に多かったことと相まって顕著である。
[45] １９６３年イースト・ロサンゼルスに会館設置、その後、１９６８年サンタモニカ・ビーチフロントへ移転、さらに１９７５年にはサンタモニカ・ウィルシャー通りの現在地（建物は変遷した）へ移転している。
[46] Men's Division, Women's Division, Young Men's Division, Young Women's Divisionである。日本では、壮年部・婦人部・男子部・女子部。このような性別・年齢階梯別集団化は、創価学会＝ＳＧＩのみならず、日本社会における組織原理としてかなり一般的である。と同時に、欧米ではかなり特異な集団組織原理である。
[47] 以下のウィリアムスについての記述は、主に池田（1992: 66-9/116-21）による。これ以外を参照のときは、

そのつど注記。

[48] 引用は、央・浅野（1972: 155）が、1971年に行ったインタビューでの池田の発言。

[49] 1985年ころがウィリアムスとNSAにとってどのような時期であったのかは後述する。

[50] 引用したウィリアムスのこの著書（1989: 210）は、1985年に執筆されている。

第3章　波濤を越えて ── アメリカと日本

[1] ウィリアムス（1989: 278）。また、以下の『聖教タイムス』にも当時の和泉覚副会長の来米指導が紹介されている（ST, Apl. 1977: 30-1; ST, May. 1977: 42-3; ST, Nov. 1977: 46-7）。

[2] 『ワールド・トリビューン』は、1964年8月創刊（月2回発行）。1965年1月に週刊、同年8月に週3回刊になり、1975年6月には日刊となった。それが、1977年10月に週2回刊となった。

[3] 組織再編のこのあたりの詳細については、川端・稲場が論考を近刊予定である。

[4] 「第五次訪中」は、4月21日から29日の間、北京・広州・桂林・上海を訪れ、要人や文化人などと対談を重ねた（年譜 2011: 62-72）。

[5] 年譜（2011: 92-100）、およびウィリアムス（1989: 294-5）。

[6] この講演は、その年3月発行の『大白蓮華』に収録されている（池田 1977b）。

[7] 年譜（2011: 883）、および島田（2004: 109-10）を参照。

[8] 例えば、『人間革命』第12巻の「寂光」の章を参照のこと。戸田最晩年の大石寺大講堂の落慶当時の宗門のあり方を批判的に描いている。第12巻の執筆は、宗門より破門された後の1993年の執筆であるが、

創価学会と宗門との緊張は、早い時期から始まっていたことが示唆されていると思われる。

[9] 創価学会広報室（2014: 50）を参照。なお、「破門」前までは、「本門戒壇の大御本尊」とされ、これはまったく宗門の伝統的呼称そのものであった。

[10] この点に関連し、2004年当時の西山の興味深い以下のコメントを紹介しておく。「創価学会が日蓮正宗から・・・独立するには、大石寺にある「戒壇の本尊」への信仰と訣別しなければならないが、創立以来、これが同会の信仰の根本にある以上、簡単に否定できないところに同会の究極の悩みがある。」（西山 2004: 181）。結局、「魂の独立」以来、「内棲型」を脱するのにおよそ四半世紀を要したということかもしれない。

[11] 例えば、島田（2004: 113-4）など。

[12] シカゴ総会に付随して実施されたこの文化祭は規模が小さかったため（舞台に500人が参加、観衆は5千人）、"Capture the Spirit"（カプチャー・ザ・スピリット）の名称は日本ではあまり知られていない（原義は、学会精神の鼓舞の意）。したがって言及される機会も少ないのであるが、そのときはふつう「シカゴ文化祭」と呼ばれている（WT, Oct. 2, 2010, Special Issue: 12）。また、「カプチャー・ザ・スピリット」に先立つ、日本での文化祭については後述する。

[13] 1985年7月ハワイで開催された第五回以降は「世界青年平和文化祭」となる。1998年の第十八回まで実施された。

[14] リチャード・ササキさんへのインタビューは、2008年6月27日にシカゴ文化会館において行った。ササキさんは、1941年日本生まれ、1964年大学卒業後、すでに渡米していた姉を頼って自身も渡

米しシティカレッジに通うが、６５年から最初はパートでＮＳＡで働くようになる。１９６９年から１９８２年までシカゴ会館勤務。１９８０年にはミッド・ウエスタン方面長、１９８２年には全米男子部長の任命を受けている。

［15］ツヤコ・リーブマンさんへのインタビューは、２００８年6月26日にシカゴ文化会館において実施した。リーブマンさんへのインタビューは、川端・秋庭・稲場（2010）において、セツコさん、夫はイアン・シュミットさんという仮名で登場する。また、池田のＷＴへの寄稿（'My Friends of NSA (8) Tsuyako Liebmann'、１９８１年2月23日、６／８頁）も参照した。この記事がＷＴに掲載された時期が、「カプチャー・ザ・スピリット」とシカゴで開催された第一回世界平和文化祭（後述）の間であったことも興味深い。

［16］住所は、3434 West Foster Avenue, Chicago, IL.

［17］住所は、624 West Wrightwood, Chicago, IL.

［18］ループ（Loop）は、シカゴ交通局が運営する〝L〟（ダウンタウンを走る高架鉄道および地下鉄）の環状線（東西５００メートル、南北９００メートル）で、シカゴの市域は、このループで北部と南部に分かれる。

［19］２０１０年の国勢調査（http://www.census.gov/ ２０１５年8月20日閲覧）による。

［20］ちなみに、１９８４年に移転し開館したシカゴ文化会館は、リグレー・フィールドの南東２・５キロほどのところにある。元シナゴークの会館は、リグレー・フィールドを挟んでちょうど反対方向になる。

［21］ということは、シカゴの北部であり白人中心の地区であることに注意。

［22］正確には、１９８１年にはＮＳＡコンベンションは実施されていないが、６月にシカゴでＳＧＩ主催の

第一回世界平和文化祭が実施された。これは「カプチャー・ザ・スピリット」を雛形として、規模を拡大したイベントで、出演者1200人、来賓500人、観客は2万人だった。この準備のため、ホノルル・ロサンゼルス・ダラス・マイアミで文化祭が予行演習をかねて開催されている。また同年8月には第二回SGI総会がホノルルで開催された。したがって、1981年にはNSA主催のコンベンションは実施されなかったが、実質的にはNASが中心となって二度の大イベントと数次の文化祭を実施した。また、すぐ後述するが、第一回SGI総会は、1980年10月ロサンゼルスで開催されている。このようにコンベンション時代が再来した。

[23]「意図せざる結果」、また「機能」概念については、マートン（1961）を参照のこと。

[24] ハワイ・サンフランシスコ・ワシントンDC・ニューヨーク・シカゴ（ツヤコ・リーブマン）などで草創期を担った女性陣がNSA副婦人部長に任命された。

[25] 年譜（2011: 165）を参照のこと。

[26] 引用は、池田（2008）によるが、1991年以前は「NSA」だった名称も引用した書籍では「アメリカSGI」に表記が統一されている。この当時はまだ「NSA」。

[27] 1980年以降継続し（2001年を除き）、2005年11月に東京において第三十回SGI総会が開催されたことが確かめられる（60ヵ国・地域の参加）。

[28] 世界（青年）平和文化祭については、注［13］も参照のこと。

[29] 第一回SGI総会は、ロサンゼルス市のシュライン公会堂で開催され、48ヵ国・地域から来賓300人と1万5千人の参加者があった（年譜 2011: 98）。

[30] アケミとその母サチコについては、WT, Oct. 11, 2013: 1/5. および、LV, Dec. 2013: 6-11 による。アケミの全米婦人部長の就任に当たっての特集記事である。

[31] ちなみに、インディアナ州ゲーリーは、シカゴから50キロほど南東に位置し、車で一時間ほどの距離である。

[32] 「モータウン」は、ミシガン州デトロイト発祥のレコードレーベル。ソウルミュージックやブラックミュージックを中心にしてポピュラー音楽のスタイルを革新した。デトロイトは、ゲーリーやシカゴから近いし、ジャクソン5はゲーリーの出身でもある。

[33] オリジナルは「母の曲　誇りかがやけ　王者の子」という句（『聖教新聞』2016年7月6日六面）。

[34] ちなみに1981年1月1日に、初めて「SGI」の名前を冠した、月刊の国際平和グラフ誌（『SGI』）が創刊されている。

[35] 「民衆こそ王者」『潮』2016年5月号 99-100.

[36] 1981年6月20日にニューヨークで開催された日米親善交歓会において発表された。

[37] 引用している池田（2008: 156）では、「NSA」でなく「SGI」と記されているが、これは同書の凡例にあるように同書の出版時に統一されたためである。この当時は、まだ「NSA」である。

[38] 「仏教史観を語る」（池田 1977b）については、本章2節も参照のこと。機関紙、つまり聖教新聞の発刊の経緯とその意義について、戸田・池田の師弟の託した思いについては、例えば『聖教新聞』（2016年4月19日三面）を参照のこと。

[39] アメリカの正宗寺院は、1967年に（ハワイ）ドーセット・本誓寺、LA近郊のエチワンダ・妙法寺、

１９７２年にワシントンＤＣ・妙宣寺、１９８０年にＮＹの妙説寺、１９８１年にシカゴ・妙行寺、１９８４年にＳＦの妙信寺、が落慶している。

［40］１９７８年末、池田は宗門との関係悪化によって法華講総講頭を辞任していた。

［41］「新寺院二百ヵ寺建立計画」は、１９８５年末時点で28ヵ寺まで落慶し、１９９０年末までで１１１ヵ寺が落慶した（年譜 2011: 466・882）。なお創価学会の宗門への寄進寺院の総数は３５６ヵ寺におよんだ。

第４章　広布千年の基礎

［１］ダニエル・ナガシマは、１９９９年から２０１５年まで第三代ＳＧＩ-ＵＳＡ理事長を務めた。なお、第四代理事長に、初めてアメリカ人のアディン・ストラウスが就任している。

［２］最高会議（Central Executive Committee）はこのとき設けられることが決定した（第一回の最高会議の開催は１９９０年である）。その目的は組織の民主的・合理的運営であることが、後述する第二回会議の内容から分かる。

［３］カズエ・エリオットについては、第1章4節で紹介したが、１９８９年に婦人部長に就任した。

［４］'The Central Executive Committee is a decision-making body that executes the important duties of the organization' (WT, NOV. 30, 1992: 3)

［５］日本語表記では「アメリカＳＧＩ（創価学会インタナショナル）」。１９９１年6月19日付で法人名称が変更された（『聖教新聞』１９９１年7月13日二面）。

［６］以下は、２０１０年11月12日にサンタモニカのＳＧＩプラザにおいて実施したフレッド・ザイツＳＧＩ-

ＵＳＡ名誉理事長へのインタビューによる。

［7］このときの見聞が、財津・平野（1972）としてまとめられている。

［8］これらの数字は、ザイツより教示されたものである。

［9］ザイツは理事長に就任するに当たり、自らに毎月『聖教タイムス』上に「理事長から」'From the General Director'というタイトルで論説を執筆することを課した。１９９５年分までがまとめられて一冊に編まれている（Zaitsu 1995）。また、ＳＧＩ‐ＵＳＡとしての発足の意義を理事長に就任直後、論考にまとめている（Zaitsu 1993）。

［10］アフリカ系と白人らとの間の人種民族問題を背景に、いくつかの事件をきっかけに１９９２年4月末から5月にかけて起こった暴動である。この激しい暴動の鎮圧のために連邦軍の部隊が投入され、死者58人（53人とする文献（大谷 2002: 204）もある）、１６００人の重体を含む２３００人以上の重軽傷者を出し、６３４５人が逮捕された。また３７６７軒の建物が火事となり、10億ドル相当が燃えた（中村 2014）。

［11］なお、ＳＧＩにおけるＬＧＢＴグループの最初のスタートは１９９６年のことであるが、当初はピア・グループとして発足している。

［12］この観点からすると、創価学会の１９７０年の７５０万世帯という会員数は、ブロック制への移行の時期が、むしろ例外的に遅かったということがいえるかもしれない。宗教教団が、擬制的親子関係を基軸とする信者組織から地区ブロック制へ移行する諸条件とその含意について、詳しくは秋庭・川端（2004: 192-206）を参照のこと。

［13］ここで述べる以外の理由については、川端・稲場が論考を近刊予定である。その中で、ＳＧＩ‐ＵＳＡ

においてジオリオ導入の必然性が包括的に検討されている。

[14] 男子部長、女子部長、青年部長は、このとき以前にアメリカ人が起用されているが、1999年になって壮年部長と婦人部長にアメリカ人が初めて起用された。

[15] 前身のロサンゼルスのアメリカ創価短期大学（SULA）は、1987年に開学しているが、SUAは4年制のリベラルアーツの大学として機構およびキャンパスが拡充されて開学し、今日では全米の大学認証機関より高評価を得ている。

おわりに　アメリカ社会と日蓮仏法 —— その親和性

[1] 同趣旨の指摘を、都市社会学者の玉野和志（2008: 18-9）も行っているが、本章では以下で述べるような観点・諸点について掘り下げて論及・考察を行う。

[2] 日寛は、江戸中期の大石寺中興の祖である第二六世の法主である。

[3] 宗門との訣別後は宗門より下付されなくなった御本尊に代わり、日寛の書写した御本尊をもとに、創価学会が作製した新御本尊が、93年10月より会員に下付されるようになっている。

[4] 2004年の改定では、読誦される法華経が大幅に短縮されたが、じつはこの形式は一足先にアメリカで採用され「SGI勤行」と呼ばれていた。このとき同時に御祈念文も改定されたが、さらに2015年の改定によって、宗門からの独立性と独自性がいっそう明白な方向で打ち出された（『聖教新聞』2015年11月17日）。

[5] 「御義口伝」（御書: 713）などを参照。

［6］末木文美士も、唱題に、称名念仏の影響があった絶対的証拠はないが、影響を考えるのが常識的に見ても適当であろうと述べている（2000: 149-51）。

［7］末木は、「そもそも『法華経』には、『法華経』自体を「受持・読・誦・解説・書写」することが、最大の功徳として挙げられている。しかし、長い『法華経』全体を読誦することは容易でない。そこで、より簡便で、経の功徳を含みこんでいる題目だけの実践に縮められることは十分に考えられることである。それを独立の行法として確立したのが日蓮であった」と述べている（2000: 149）。

［8］ハンナさん（仮名）の事例は、川端・秋庭・稲場（2010）でも取り上げている。ハンナさんへのインタビューは、２００８年６月26日シカゴ文化会館で行った。

［9］宗教的世界像＝理想郷＝救済と、現世の関係の仕方は二つある。世界像を聖なるものと絶対化し現世からの価値を剥奪する方向と、世界像と現世との対立を極少化する方向とである。前者が「現世否定的」、後者は「現世肯定的」と呼べるだろう（厚東 1995: 147-8）。

［10］以下の本文の、十界互具と一念三千の説明は、主として末木（2000: 38-9）による。

［11］十界互具の考えに立つと、十の境涯は輪廻転生を経ずとも変更＝宿命転換可能となる。ここに「人間革命」の可能性が開かれる。

参考文献一覧

秋庭裕 2014.「SGI-USAの50年（1）ハワイから西海岸まで ── アメリカ合衆国における創価学会インタナショナル」『人間科学：大阪府立大学紀要』第9号, 63-99.

秋庭裕 2017.「SGI-USAの55年（2）70年代 成熟から停滞へ」『人間科学：大阪府立大学紀要』第12号, 103-57.

秋庭裕・川端亮 2004.『霊能のリアリティへ ── 社会学、真如苑に入る』新曜社.

秋庭裕・川端亮 2008.「ハワイからスタートしたSGI」『宗教と現代がわかる本 2008』平凡社, 168-73.

朝日新聞アエラ編集部 2000.『創価学会解剖』朝日文庫（朝日新聞社）.

Bellah, Robert N. et al., 1991. *The Good Society*, New York: Alfred A. Knopf.

Chappell, D. W., 2000. "Socially Inclusive Buddhists in America." In Machacek, D. and B. Wilson, *Global Citizens: The Soka Gakkai Buddhist Movement in the World*. Oxford: Oxford University Press, 299-325.

Clarke, Peter, ed., 1987. *The New Evangelists: Recruitment Method and Aims of New Religious Movements*, London: Ethnographica.

Dator, J. A., 1969. *Sokagakkai, Builders of the Third Civilization*. Seattle and London: University of Washington Press.

江成常夫 1981.『花嫁のアメリカ』講談社.

江成常夫 2000.『花嫁のアメリカ歳月の風景 1978-1998』集英社.

Glock, Charles and Rodney Stark, 1965. *Religion and Society in Tension*. Chicago: Rand McNally.

ハモンド, P.・マハチェク, D. W.（栗原淑江訳）2000.『アメリカの創価学会 ── 適応と転換をめぐる社会学的考察』紀伊国屋書店.（Hammond, P. and Machacek, D., 1999. *Soka Gakkai in America: Accommodation and Conversion*, New York: Oxford University Press.）

堀日亨編 1952.『日蓮大聖人御書全集』創価学会（第241刷, 2005年）.

堀内一史 2010.『アメリカと宗教 ── 保守化と政治化のゆくへ』中央公論社.

Hurst, Jane, 1992. *Nichiren Shoshu Buddhism and the Soka Gakkai in America: The Ethos*

of a New Religious Movement. Garland.
五十嵐太郎 2001.『新宗教と巨大建築』講談社.
池田大作 1965.『人間革命』第1巻, 聖教新聞社.
池田大作 1975.『私の履歴書』日本経済新聞社.
池田大作 1977a.『新版池田会長全集』第1巻, 聖教新聞社.
池田大作 1977b.「仏教史観を語る」『大白蓮華』第311号（1977年3月号), 聖教新聞社.
池田大作 1992.『人間革命』第11巻（聖教文庫), 聖教新聞社.
池田大作 1994.『人間革命』第12巻（聖教文庫), 聖教新聞社.
池田大作 2003.『新・人間革命』第1巻（聖教ワイド文庫), 聖教新聞社.
池田大作 2004.『御書の世界』第2巻, 聖教新聞社.
池田大作 2006.『親愛なるアメリカの友へ ── 1990-1996年 北米訪問指導・スピーチ集』ワールドトリビューン・プレス.（Ikeda, Daisaku, 2001. *May My Friends in America: Collected U. S. Addresses 1990-96*, Santa Monica: World Tribune Press.）
池田大作 2007a.『生命の変革 ── 地球平和への道標』創価学会広報室.
池田大作 2007b.『一生成仏抄講義』聖教新聞社.
Ikeda, Daisaku, 2007. *Lectures on On Attaining Buddhahood in This Lifetime*, Kuala Lumpur: Soka Gakkai Malaysia.
池田大作 2008.『アメリカの友に栄光あれ！ ── 1972-87 北米訪問指導スピーチ集』ワールドトリビューン・プレス.（Ikeda, Daisaku, 2008. *May My Friends in America be Glorious*, Santa Monica: World Tribune Press.）
池田大作 2010.『新・人間革命』第22巻, 聖教新聞社.
池田大作・トインビー, アーノルド 1975.『二十一世紀への対話』上・下, 文藝春秋.［新装版として 池田大作・トインビー, アーノルド 2002・2003・2003.『二十一世紀への対話 上・中・下』（聖教ワイド文庫）聖教新聞社］（Ikeda, Daisaku and Toynbee, Arnold, 1976. *Choose Life: A Dialogue*, London: Oxford University Press.）
池田大作・キッシンジャー, ヘンリー A. 1987.『「平和」と「人生」と「哲学」を語る』潮出版社.
「池田大作の軌跡」編纂委員会編 2007.『平和と文化の大城 ── 池田大作の軌跡II』潮出版社.
「池田大作とその時代」編纂委員会編 2011.『民衆こそ王者 ── 池田大作とそ

の時代II』潮出版社.
「池田大作とその時代」編纂委員会編 2014.『民衆こそ王者 ── 池田大作とその時代VII』潮出版社.
池田博正 2008.『青春の道 ── 私の若き日の記録　随筆』鳳書院.
池田守男・金井壽宏 2007.『サーバント・リーダーシップ入門』かんき出版.
Inaba, Keishin, 2004a. *Altruism in New Religious Movements: The Jesus Army and the Friends of the Buddhist Order in Britain*, Okayama: University Education Press.
Inaba, Keishin, 2004b. "Conversion to New Religious Movements: Reassessment of Lofland/Skonovd Conversion Motifs and Lofland/Stark Conversion Process."『人間科学研究』第11巻第2号, 33-47.
井上順孝 1985.『海を渡った日本宗教』弘文堂.
伊藤雅之 1997.「入信の社会学 ── その現状と課題」『社会学評論』48(2), 158-76.
川端亮 2010.「新宗教における二段階の英語化 ── SGI-USAの事例から」『大阪大学大学院人間科学研究科紀要』第36巻, 39-57.
川端亮・秋庭裕・稲場圭信 2010.「SGI-USAにおけるアメリカ化の進展 ── 多民族社会における会員のインタビューから」『宗教と社会』第16号, 89-110.
厚東洋輔 1995.「アジア研究への道」徳永恂・厚東洋輔編『人間ウェーバー』有斐閣, 119-152.
Lofland, John and Rodney, Stark, 1965. "Becoming a World-Saver: A Theory of Conversion to a Deviant Perspective," *American Sociological Review, 30*, 862-75.
マクガイア, メレディス B.（山中弘・伊藤雅之・岡本亮輔訳）2008.『宗教社会学 ── 宗教と社会のダイナミックス』明石書店.（McGuire, Meredith B., 1997. *Religion: The Social Context*, Fourth edition, Belmont, CA: Wadsworth Publishing Company.）
マートン, ロバート K.（森東吾・森好夫・金沢実・中島竜太郎訳）1961.「顕在的機能と潜在的機能」『社会理論と社会構造』みすず書房.（Merton, Robert K., 1957. *Social Theory and Social Structure*, U. S. A., The Free Press.）
三浦久 1999.『追憶の60年代カリフォルニア』平凡社.
中村甚五郎 2014.『アメリカ史「読む」年表事典4　20-21世紀［1995-2010］』原書房.
中野毅 1984.「アメリカ社会とNSA（2）」『講座・教学研究』第4集, 東洋哲学研究所, 175-189.

中野毅 1990.「Ⅲ教団　1組織　教団の組織　創価学会」井上順孝他編『新宗教事典』弘文堂, 141-4.
中野毅・粟津賢太 1996.「アメリカ合衆国およびメキシコ合衆国におけるSGI運動 ── 現地調査報告(1)」『比較文化研究』14巻, 155-203.
央《なかば》忠邦・浅野秀満 1972.『アメリカの日蓮正宗』仙石出版.
大谷康夫 2002.『アメリカの黒人と公民権法の歴史』明石書店.
中牧弘允 1986.『新世界の日本宗教 ── 日本の神々と異文明』平凡社.
西山茂 1990.「Ⅲ教団　1組織　組織の多様性」井上順孝他編『新宗教事典』弘文堂, 132-7.
西山茂 1998.「内棲宗教の自立化と宗教様式の革新 ── 戦後第二期の創価学会の場合」沼義昭博士古稀記念論文集編纂委員会編『宗教と社会生活の諸相』隆文館, 113-41.
西山茂 2004.「変貌する創価学会の今昔」『世界』2004年6月号, 岩波書店, 170-81.
西山茂 2012.「日本の新宗教における自利利他連結転換装置」『東洋学研究』, *49*, 49-59.
オバマ, B.（白倉三紀子・木内裕也訳）2007『マイ・ドリーム ── バラク・オバマ自伝』ダイヤモンド社.
Oh, John K., 1973. "The Nichiren Shoshu of America." *Review of Religious Research, 14*: 169-77.
Parks, Yoko Yamamoto, 1980. "Nichiren Shoshu Academy in America: Changes in during the 1970s,", *Japanese Journal of Religious Studies, 7*(4), 337-55.
Parks, Yoko Yamamoto, 1985. *Chanting is Efficacious: Changes in the Organization and Beliefs of the American Sokagakkai*, U. M. I. Dissertation Information Service.
佐藤優 2013.「新時代への創造 ── 「池田大作 大学講演」を読み解く」『潮』2013年10月号 潮出版社, 248-255.
佐藤優 2014.『地球時代の哲学 ── 池田・トインビー対談を読み解く』潮出版社.
三代会長年譜編纂委員会編 2003.『創価学会三代会長年譜 上巻』創価学会.
三代会長年譜編纂委員会編 2005.『創価学会三代会長年譜 中巻』創価学会.
三代会長年譜編纂委員会編 2011.『創価学会三代会長年譜 下巻（一）』創価学会.
聖教新聞社企画部 2005.『新会員の友のために1改訂版』聖教新聞社.
塩原勉 1976.『組織と運動の理論 ── 矛盾媒介過程の社会学』新曜社.

島田裕巳 2004.『創価学会』新潮社.
島薗進 1992.『現代救済宗教論』青弓社.
Snow, David and Cynthia Phillips, 1980. "The Lofland-Stark Conversion Model: A Critical Reassessment," *Social Problems, 27*(4), 430-47.
Snow, David, 1993. *Shakubuku: A Study of the Nichiren Shoshu Buddhist Movement in America, 1960-1975*, New York: Gerland Publishing.
Soka Gakkai, 1999. *The Writings of Nichiren Daishonin I*, Tokyo: Soka Gakkai.
Soka Gakkai, 2006. *The Writings of Nichiren Daishonin II*, Tokyo: Soka Gakkai.
Soka Gakkai International-USA, 2017. Leadership Manual SGI-USA Organization Center.（http://www.sgi-usa.org/memberresources/leaders/docs/07-2017_SGI-USA_Leadership_Manual.pdf）
創価学会広報室 2014.『2013年活動報告』創価学会.
創価学会広報室 2017.『2016年活動報告』創価学会.
ストランド, クラーク（今井真理子訳）2011.『SGI と世界宗教の誕生 ── アメリカ人ジャーナリストが見た創価学会』第三文明社.
末木文美士 2000.『日蓮入門 ── 現世を撃つ思想』筑摩書房.
玉野和志 2008.『創価学会の研究』講談社.
The Seikyo Press, 1966. *The Nichren Shoshu Sokagakkai*, Tokyo: The Seikyo Press.
上藤和之・大野靖之編 1975.『創価学会四十五年史 ── 革命の大河』聖教新聞社.
梅原猛 1983.『地獄の思想 ── 日本精神の一系譜』中央公論社.
梅原猛 1993.『日本人の「あの世」観』中央公論社.
バーダマン, ジェームズ M.（水谷八也訳）2007.『黒人差別とアメリカ公民権運動』集英社.
ヴェンカテッシュ, S.（望月衛訳）2009.『ヤバい社会学 ── 一日だけのギャング・リーダー』東洋経済新報社.
渡辺かよ子 2009.『メンタリング・プログラム ── 地域・企業・学校の連携による次世代育成 』川島書店.
渡辺雅子 2001.『ブラジル日系新宗教の展開 ── 異文化布教の課題と実践』東信堂.
ウェーバー, マックス（大塚久雄・生松敬三訳）1972『宗教社会学論選』みすず書房.
ウェーバー, マックス（武藤一雄・薗田宗人・薗田坦訳）1992.『宗教社会学』

創文社.
ホワイティング, ロバート（松井みどり訳）1991.『菊とバット』文春文庫.
Williams, G. M., 1972. *NSA Seminar Report 1968-71*. Santa Monica: World Tribune Press.
Williams, G. M., 1974. *NSA Seminars: An Introduction to True Buddhism*, Santa Monica: World Tribune Press.
ウィリアムス, ジョージ M. 1989.『アメリカにおける宗教の役割』潮出版社.
ウィルソン, B.・ドベラーレ, K.（中野毅訳）19973.『タイム トゥ チャント ── イギリス創価学会の社会学的考察』紀伊國屋書店.（Wilson, Bryan and Karel Dobbelaere, 1994. *A Time to Chant: Soka Gakkai Buddhists in Britain*, Oxford: Oxford University Press.）
ワース, ルイス（今野敏彦訳）1993.『ゲットー』明石書店.
World Tribune, 1989. *Arise, The Sun of the Century: Thirty Years of NSA*. Santa Monica: World Tribune Press.
Wuthnow, Robert, 2004. *Saving America?* Princeton: Princeton University Press.
山中速人 1993.『ハワイ』岩波書店.
安富成良・スタウト／梅津和子 2005.『アメリカに渡った戦争花嫁 ── 日米国際結婚パイオニアの記録』明石書店.
財津光明・平野友三郎 1972.『アメリカの街と心 ── 広がる人間革命運動』聖教新聞社.
Zaitsu, Fred M., 1993. *My Reflections: Learning from'The Sun of Jiyu Over a New Land.'* Santa Monica: SGI-USA.
Zaitsu, Fred M., 1995. *Living Victoriously: A Collection of Essays (1993-1995)*. Santa Monica: SGI-USA.
ゾーボー, H. W.（吉原直樹・桑原司・奥田憲昭・高橋早苗訳）1997.『ゴールド・コーストとスラム』ハーベスト社.

著者略歴

秋庭　裕（あきば　ゆたか）

1958年　群馬県生まれ
1981年　同志社大学文学部卒業
1990年　大阪大学大学院博士課程後期単位修得退学
　　　　大阪女子大学人文社会学部助教授を経て、
現　在　大阪府立大学現代システム科学域環境システム学類教授、
　　　　博士（人間科学）
著　書　『生駒の神々』（共著、創元社、1985年）
　　　　『組織とネットワークの社会学』（共著、新曜社、1994年）
　　　　『霊能のリアリティへ』（川端亮と共著、新曜社、2004年）
　　　　『宗教を理解すること』（共著、創元社、2007年）

新曜社

アメリカ創価学会〈SGI-USA〉の55年

初版第1刷発行　2017年11月5日

著　者　秋庭　裕
発行者　塩浦　暲
発行所　株式会社　新曜社
　　　　101-0051　東京都千代田区神田神保町3－9
　　　　電話（03）3264-4973（代）・FAX（03）3239-2958
　　　　e-mail : info@shin-yo-sha.co.jp
　　　　URL : http://www.shin-yo-sha.co.jp
組版所　Katzen House
印　刷　新日本印刷
製　本　イマキ製本所

ISBN978-4-7885-1543-7 C1036